제과제빵

기능사 실기

김인호, 이경애, 우기남, 황경희 공저

about The Author

김인호
- 경북대학교 농화학과 졸업
- 경북대학교 일반대학원 농화학과 식량자원전공 졸업
- (사)일본빵기술연구소(JIB) 연수반 121기 수료
- 전) 한국산업인력공단 제과제빵기능사실기 감독위원
- 전) 한국산업인력공단 기능경기대회 제과제빵직종 심사위원
- 현) 영남제과제빵아카데미학원 원장
- 현) 영남이공대학 식음료조리계열 겸임교수
- 청소년 지도사
- 평생교육사

이경애
- 청소년지도사 학위 취득
- 현)영남제과제빵아카데미 원장
- 제과기능사, 제빵 기능사
- 케익디자이너, 초콜릿마스터, 아동요리사, 커피바리스타 등
- 청소년 지도사
- 직업훈련교사
- 진로적성 상담사
- 평생교육사

CRAFTSMAN
CONFECTIONARY
BREADS
MAKING

우기남
- 경북대학교 농업개발대학원 식품산업공학 전공
- 전) 대구경북산업인력개발원 제과제빵훈련교사
- 전) 대영직업전문학교 제과제빵훈련교사
- 전) 영남제과제빵아카데미학원 부원장
- 현) 대구과학대학교 식품영양조리과 겸임교수
- 제과기능장, 제과기능사, 제빵기능사
- 케익디자이너, 베이킹마스터, 초코렛마스터
- 직업훈련교사(제2급), 커피바리스타

황경희
- 영남대학교 환경보건대학 영양관리학과 졸업
- 현) 계명문화대학 식품영양조리학부 겸임교수
- 현) 대구공업대학 호텔식음료계열 외래교수
- 현) 경산여성회관 홈베이커리 강사
- 현) 청곡복지관 강사

머릿글

이 책은 제과·제빵기능사 자격증을 취득하고자 하는 분들을 위해 한국산업인력공단에서 주관하고 시행하는 제과·제빵기능사 실기시험 공개문제를 철저하게 분석하여 다음과 같은 사항에 중점을 두고 집필하였습니다.

1. 한국산업인력공단의 공개문제 요구사항 및 배합표에 따라 제과 및 제빵 각 20과제의 메뉴를 각 과정별 컬러사진으로 나타내 요구사항의 내용을 충족시킴으로서 수험생 스스로 사진을 보고 실습이 가능하도록 하였습니다.
2. 한국산업인력공단에서 제시하는 지급재료를 기준으로 제품의 제조공정을 상세하게 다루고 있습니다.
3. 제과·제빵기능사 실기시험의 채점과 직결되는 중요한 제조공정은 별도의 Tip & Check Point를 만들어 정리하였습니다.

이 교재는 현장실무 경험과 강의를 통해 얻은 노하우를 수험생들이 이해하기 쉽게 자세한 제조 과정으로 설명하였습니다. 또한 변경된 요구사항들을 숙지하고 적용하여 수험생들이 최신 경향의 내용으로 학습할 수 있도록 하였습니다.

이 교재를 통해 공부하는 모든 수험생들에게 합격의 행운이 함께 하기를 기대하며 부족한 부분은 앞으로 수정·보완하여 더욱더 알찬 교재가 되도록 노력하겠습니다.

마지막으로 이 교재의 실기과제 촬영을 맡아주신 이준상 실장님과 도서출판 책과상상 임직원 여러분께 감사의 마음을 전합니다.

저자 일동

Contents

- 위생상태 및 안전관리 세부기준 안내 / 8
- 수험자 유의사항 안내 / 9
- 기타 체크사항 / 10
- 복장 상세 체크사항 / 11
- 제과제빵기능사 작업기준표 및 자격증 취득과정 / 12

▶ 제과기능사 실기 (20과제)

24 과일 케이크

28 다쿠와즈

32 마데라(컵) 케이크

36 마드레느

40 버터스펀지 케이크 (공립법)

44 버터스펀지 케이크 (별립법)

48 버터쿠키

52 흑미롤 케이크

56 소프트롤 케이크

62 쇼트브레드 쿠키

66 슈

70 시퐁 케이크 (시퐁법)

76 초코롤 케이크

80 타르트

84 젤리롤 케이크

88 초코머핀 (초코컵케이크)

92 파운드 케이크

96 브라우니

100 치즈케이크

104 호두파이

▶ 제빵기능사 실기 (20과제)

114
단과자빵
(트위스트형)

118
쌀식빵

122
모카빵

128
밤 식빵

132
버터롤

136
버터톱 식빵

140
빵도넛

144
단과자빵
(소보로빵)

148
스위트 롤

154
식빵
(비상스트레이트법)

158
옥수수 식빵

162
우유 식빵

166
그리시니

170
단과자빵
(크림빵)

174
단팥빵
(비상스트레이트법)

178
풀만 식빵

182
소시지빵

186
베이글

190
통밀빵

194
호밀빵

위생상태 및 안전관리 세부기준 안내
(제과기능사, 제빵기능사 공통 적용)

번호	구분	세부기준	채점기준
1	위생복 상의	• 전체 흰색, 기관 및 성명 등의 표식이 없을 것 • 팔꿈치가 덮이는 길이 이상의 7부·9부·긴소매 　(수험자 필요에 따라 흰색 팔토시 가능) • 상의 여밈은 위생복에 부착된 것이어야 하며 벨크로(일명 찍찍이), 단추 등의 크기, 색상, 모양, 재질은 제한하지 않음 　(단, 금속성 부착물·뱃지, 핀 등은 금지) • 팔꿈치 길이보다 짧은 소매는 작업 안전상 금지 • 부직포, 비닐 등 화재에 취약한 재질 금지	〈실격 사항〉 • 위생복 상의 및 위생모 미착용 시 • 평상복(흰티셔츠 등) • 패션모자(흰털모자, 비니, 야구모자 등) 〈위생 0점 사항〉 – 기준 부적합 • 제과용/식품가공용이 아닌 경우(화재에 취약한 재질 및 실험복 형태의 영양사·실험용 가운 등) • (일부)유색/표식이 가려지지 않은 경우 • 반바지·치마 등 • 위생모가 뚫려있어 머리카락이 보이거나, 수건 등으로 감싸 바느질 마감처리가 되어있지 않고 풀어지기 쉬워 일반 제과제빵 작업용으로 부적합한 경우 등 • 위생복의 개인 표식(이름, 소속)은 테이프로 가릴 것 • 제과제빵·조리 도구에 이물질(예 테이프) 부착 금지
2	위생복 하의	• '흰색 긴바지 위생복' 또는 '평상복 긴바지(색상 무관) + 흰색 앞치마' 　– 흰색 앞치마 착용 시, 앞치마 길이는 무릎 아래까지 덮이는 길이일 것 　– 평상복 긴바지의 색상·재질은 제한이 없으나, 부직포·비닐 등 화재에 취약한 재질이 아닐 것 　– 반바지·치마·폭넓은 바지 등 안전과 작업에 방해되는 복장은 금지	
3	위생모	• 전체 흰색, 기관 및 성명 등의 표식이 없을 것 • 빈틈이 없고, 일반 제과점에서 통용되는 위생모 　(크기 및 길이, 재질은 제한 없음) 　– 흰색 머릿수건(손수건)은 머리카락 및 이물에 의한 오염 방지를 위해 착용 금지	
4	마스크	• 침액 오염 방지용으로, 종류는 제한하지 않음 　(단, 감염병 예방법에 따라 마스크 착용 의무화 기간에는 '투명 위생 플라스틱 입가리개'는 마스크 착용으로 인정하지 않음)	• 미착용 → 〈실격〉
5	위생화 (작업화)	• 색상 무관, 기관 및 성명 등의 표식 없을 것 • 조리화, 위생화, 작업화, 운동화 등 가능 　(단, 발가락, 발등, 발뒤꿈치가 모두 덮일 것) • 미끄러짐 및 화상의 위험이 있는 슬리퍼류, 작업에 방해가 되는 굽이 높은 구두, 속 굽 있는 운동화 금지	• 기준 부적합 → 〈위생 0점〉
6	장신구	• 일체의 개인용 장신구 착용 금지 　(단, 위생모 고정을 위한 머리핀은 허용) • 손목시계, 반지, 귀걸이, 목걸이, 팔찌 등 이물, 교차오염 등의 식품위생 위해 장신구는 착용하지 않을 것	• 기준 부적합 → 〈위생 0점〉
7	두발	• 단정하고 청결할 것 • 머리카락이 길 경우 흘러내리지 않도록 머리망을 착용하거나 묶을 것	• 기준 부적합 → 〈위생 0점〉
8	손/손톱	• 손에 상처가 없어야 하나, 상처가 있을 경우 보이지 않도록 할 것 • 손톱은 길지 않게 청결하며, 매니큐어를 하지말고, 인조손톱 등을 부착하지 말 것	• 기준 부적합 → 〈위생 0점〉

번호	구분	세부기준	채점기준
9	위생관리	• 재료, 조리기구 등 조리에 사용되는 모든 것은 위생적으로 처리하여야 하며, 제과제빵용으로 적합한 것일 것	• 기준 부적합 → 〈위생 0점〉
10	안전사고 발생처리	• 칼 사용(손 빔) 등으로 안전사고 발생 시 응급조치를 하여야 하며, 응급조치에도 지혈이 되지 않을 경우 시험 진행 불가	–

※ 일반적인 개인위생, 식품위생, 작업장 위생, 안전관리를 준수하지 않을 경우 감점처리 될 수 있습니다.

수험자 유의사항 안내
(제과기능사, 제빵기능사 전과제 공통)

다음은 제과기능사 및 제빵기능사 실기 전과제 진행 시 공통적으로 적용되는 유의사항입니다. 반드시 숙지하시기 바랍니다.

01 항목별 배점은 제조공정 55점, 제품평가 45점이며, 요구사항 외의 제조방법 및 채점기준은 비공개입니다.

02 시험시간은 재료 전처리 및 계량시간, 제조, 정리정돈 등 모든 작업과정이 포함된 시간입니다.
(감독위원의 계량확인 시간은 시험시간에서 제외)

03 수험자 인적사항은 검은색 필기구만 사용하여야 합니다. 그 외 연필류, 유색 필기구, 지워지는 펜 등은 사용이 금지됩니다.

04 시험 전과정 위생수칙을 준수하고 안전사고 예방에 유의합니다.
  • 시작 전 간단한 가벼운 몸 풀기(스트레칭) 운동을 실시한 후 시험을 시작하십시오.
  • 위생복장의 상태 및 개인위생(장신구, 두발·손톱의 청결 상태, 손씻기 등)의 불량 및 정리 정돈 미흡 시 위생항목 감점처리 됩니다.

05 다음 사항은 실격에 해당하여 채점 대상에서 제외됩니다.
  가) 수험자 본인이 수험 도중 시험에 대한 포기 의사를 표현하는 경우
  나) 위생복 상의, 위생복 하의(또는 앞치마), 위생모, 마스크 중 1개라도 착용하지 않은 경우
  다) 시험시간 내에 작품을 제출하지 못한 경우
  라) 수량(미달), 모양을 준수하지 않았을 경우
    • 요구사항에 명시된 수량 또는 감독위원이 지정한 수량(시험장별 팬의 크기에 따라 조정 가능)을 준수하여 제조하고, 잔여 반죽은 감독위원의 지시에 따라 별도로 제출하시오.
    • 지정된 수량 초과, 과다 생산의 경우는 총점에서 10점을 감점합니다.(단, '○개 이상'으로 표기된 과제는 제외합니다.)
    • 반죽 제조법(공립법, 별립법, 시퐁법 등)을 준수하지 않은 경우는 제조공정에서 반죽 제조 항목을 0점 처리하고, 총점에서 10점을 추가 감점합니다.
  마) 상품성이 없을 정도로 타거나 익지 않은 경우
  바) 지급된 재료 이외의 재료를 사용한 경우
  사) 시험 중 시설·장비의 조작 또는 재료의 취급이 미숙하여 위해를 일으킬 것으로 감독위원 전원이 합의하여 판단한 경우

06 의문 사항이 있으면 감독위원에게 문의하고, 감독위원의 지시에 따릅니다.

기타 체크사항

01 시험장별 재료 계량용 저울의 눈금 표기가 상이하여(짝수/홀수), 배합표의 표기를 "홀수(짝수)" 또는 "소수점(정수)"의 형태로 병행 표기하여 기재합니다.
   - 시험장의 저울 눈금표시 단위에 맞추어 시험장 감독위원의 지시에 따라 올림 또는 내림으로 계량할 수 있음을 참고하시기 바랍니다.
   - 시험장의 저울을 사용하거나, 수험자가 개별로 지참한 저울을 사용하여 계량합니다. (저울은 수험자 선택사항으로 필요시 지참)

02 배합표에 비율(%) 60~65, 무게(g) 600~650과 같이 표기된 과제는 반죽의 상태에 따라 수험자가 물의 양을 조정하여 제조합니다.

03 제과기능사, 제빵기능사 실기시험의 전체 과제는 '반죽기(믹서) 사용 또는 수작업 반죽(믹싱)'이 모두 가능함을 참고하시기 바랍니다. (마데라컵케이크, 초코머핀 등의 과제는 수험자 선택에 따라 수작업 믹싱도 가능)
   - 단, 요구사항에 반죽 방법(수작업)이 명시된 과제는 요구사항을 따라야 합니다.

04 시간 측정
   시험장에는 시간을 확인할 수 있는 공용시계가 구비되어 있으며, 시험시간의 종료는 공용시계를 기준으로 합니다. 만약, 수험자 개인 용도의 시계, 타이머를 지참하여 사용하고자 할 경우, 아래 사항에 유의하시기 바랍니다.
   - 손목시계 착용 시 "장신구"에 해당하여 위생부분이 감점되므로 사용하지 않습니다.
   - 탁상용 시계를 제조과정 중 재료 및 도구와 접촉시키는 등 비위생적으로 관리할 경우 위생부분 감점되므로, 유의합니다.
   - 시험시간은 공용시계를 기준으로 하므로 개인이 지참한 시계는 시험시간의 기준이 될 수 없음을 유념하시기 바랍니다.
   - 타이머는 소리알람(진동)이 발생하지 않도록 "무음 및 무진동"으로 설정하여 사용합니다. (다른 수험자에게 피해가 될 수 있으므로 특히 주의)
   - 개인이 지참한 시계, 타이머에 의하여 소리알람(진동)이 발생하여 시험진행에 방해가 될 경우, 본부요원 및 감독위원은 수험자에게 개별적인 시계, 타이머 사용을 금지시킬 수 있습니다.

05 재료계량 시간
   재료계량 시간(재료를 계량하여 재료별로 진열하는 총시간)은 재료당 1분으로 배합표 상의 재료 항목에 따라 총 재료별 진열 시간이 달라집니다. 예를 들어 제과기능사 과제인 '과일케이크'의 경우 배합표의 재료가 총 13개이므로 재료계량 시간은 13분이 주어집니다.

06 재료를 계량하여 재료별로 진열 과정
   - 재료계량(재료당 1분) → [감독위원 계량확인] → 작품제조 및 정리정돈(전체시험시간−재료계량시간)
   - 재료계량 시간 내에 계량을 완료하지 못하여 시간이 초과된 경우 및 계량을 잘못한 경우는 추가 시간 부여없이 작품제조 및 정리정돈 시간을 활용하여 요구사항의 무게대로 계량
   - 달걀의 계량은 감독위원이 지정하는 개수로 계량

복장 상세 체크사항

01 미착용, 평상복(흰티셔츠 등), 패션모자(흰털모자, 비니, 야구모자 등) → 실격

02 기준 부적합 → 위생 0점
   - 제과용/식품가공용이 아닌 경우(화재에 취약한 재질 및 실험복 형태의 영양사 · 실험용 가운은 위생 0점)
   - (일부)유색/표식이 가려지지 않은 경우
   - 반바지 · 치마 등

03 위생모가 뚫려있어 머리카락이 보이거나, 수건 등으로 감싸 바느질 마감처리가 되어있지 않고 풀어지기 쉬워 일반 제과제빵 작업용으로 부적합한 경우 등
   - 위생복의 개인 표식(이름, 소속)은 테이프로 가릴 것
   - 제과제빵 · 조리 도구에 이물질(예, 테이프) 부착 금지

04 전체 흰색, 기관 및 성명 등의 표식이 없을 것

05 팔꿈치가 덮이는 길이 이상의 7부 · 9부 · 긴소매(수험자 필요에 따라 흰색 팔토시 가능)

06 상의 여밈은 위생복에 부착된 것이어야 하며 벨크로(일명 찍찍이), 단추 등의 크기, 색상, 모양, 재질은 제한하지 않음 (단, 금속성 부착물 · 뱃지, 핀 등은 금지)

07 팔꿈치 길이보다 짧은 소매는 작업 안전상 금지

08 부직포, 비닐 등 화재에 취약한 재질 금지

09 일체의 개인용 장신구 착용 금지 (단, 위생모 고정을 위한 머리핀은 허용)

10 손목시계, 반지, 귀걸이, 목걸이, 팔찌 등 이물, 교차오염 등의 식품위생 위해(危害) 장신구는 착용하지 않을 것

11 위생화(작업화)는 색상 무관, 기관 및 성명 등의 표식 없을 것

12 조리화, 위생화, 작업화, 운동화 등 가능(단, 발가락, 발등, 발뒤꿈치가 모두 덮일 것)

13 미끄러짐 및 화상의 위험이 있는 슬리퍼류, 작업에 방해가 되는 굽이 높은 구두, 속 굽 있는 운동화 금지

14 마스크는 침액 오염 방지용으로, 종류는 제한하지 않음 (단, 감염병 예방법에 따라 마스크 착용 의무화 기간에는 '투명 위생 플라스틱 입가리개'는 마스크 착용으로 인정하지 않음)

15 전체 흰색, 기관 및 성명 등의 표식이 없을 것

16 빈틈이 없고, 일반 제과점에서 통용되는 위생모(크기 및 길이, 재질은 제한 없음)
   - 흰색 머릿수건(손수건)은 머리카락 및 이물에 의한 오염 방지를 위해 착용 금지

17 "흰색 긴바지 위생복" 또는 "(색상 무관) 평상복 긴바지 + 흰색 앞치마"
   - 흰색 앞치마 착용 시, 앞치마 길이는 무릎 아래까지 덮이는 길이일 것
   - 평상복 긴바지의 색상 · 재질은 제한이 없으나, 부직포 · 비닐 등 화재에 취약한 재질이 아닐 것
   - 반바지 · 치마 · 폭넓은 바지 등 안전과 작업에 방해가 되는 복장은 금지

제과제빵기능사 작업기준표 및 자격증 취득과정

직무내용 : 제과, 제빵에 관한 재료 및 제법의 지식을 바탕으로 하여 위생적이고 영양적인 빵, 과자 제품을 제조하는 직무
수행준거 : • 제품 제조에 필요한 재료의 배합표를 작성할 수 있을 것
• 재료를 계량하고 각종 제과ㆍ제빵용 기계 및 기구를 사용할 수 있을 것
• 믹싱, 성형, 굽기, 장식 등의 공정을 거쳐 각종 제과ㆍ제빵제품을 만들 수 있을 것
시험시간 : 2~4시간 정도

⊙ 제과작업 작업기준표

주요항목	세세항목
1. 배합표 제시	
2. 재료계량	• 주어진 시간내에 재료를 숙련되게 계량 • 재료의 손실이 없도록 계량 • 재료를 정확하게 계량
3. 반죽(믹싱)	• 반죽기계 조작 • 순서에 맞게 혼합하여 반죽 • 반죽시간 적합성 • 최적의 반죽상태로 반죽
4. 반죽 온도 조절	• 반죽결과온도를 제품에 맞게 조절 • 마찰계수 산출 • 사용할(계산된) 물 온도 산출 • 얼음사용량 산출
5. 반죽 비중 측정	• 반죽비중 측정방법 • 주어진 범위 이내로 반죽비중 조절
6. 반죽 채우기(팬닝)	• 팬닝양의 적합성(적당량) 및 숙련도
7. 성형	• 모양 및 시간 정확도(성형중량 및 크기)
8. 굽기	• 오븐 조작 • 구워진 상태
9. 튀김	• 튀김기 조작 적합성 및 튀겨진 상태
10. 찜	• 찜 작업
11. 장식	• 장식 숙련도
12. 기계ㆍ도구관리	• 기계ㆍ도구 관리

⊙ 제빵작업 작업기준표

주요항목	세세항목
1. 배합표 제시	
2. 재료계량	• 주어진 시간내에 재료를 숙련되게 계량 • 재료의 손실이 없도록 계량 • 재료를 정확하게 계량
3. 반죽	• 반죽기계 조작 • 순서에 맞게 혼합하여 반죽 및 온도 조절 • 제품에 맞는 적정 발전상태로 반죽 및 되기 정도
4. 발효	• 발효실의 온도 및 습도 관리　• 적정 발효상태까지 발효시키기
5. 성형	• 분할하기 : 분할량에 맞게 분할 • 둥글리기 • 중간발효하기 • 성형하기 : 제품특성에 맞게 주어진 모양대로 능숙하고 정확하게 성형 • 팬닝하기 : 팬의 크기에 맞게 팬닝
6. 2차 발효	• 발효실의 온도 및 습도 관리　• 적정 발효상태까지 발효시키기
7. 굽기	• 오븐조작　• 굽기작업(온도, 시간, 오븐관리)
8. 튀김 및 장식	• 튀김작업　• 장식 작업
9. 기계 · 도구관리	• 기계 · 도구 관리

⊙ 자격증 취득과정

01 필기 시험의 합격자는 실기시험 접수 수수료와 수험표를 지참하여 한국산업인력관리공단(각 지방사무소)나 학원에 접수하고, 실기시험 일시와 장소를 지정 받는다.

02 시험 당일 정해진 시간 내에 도착하여 수검자 대기실에서 신분증, 수검표를 내고 본인임을 확인 받은 후, 등록번호를 받고 대기한다.

03 시험 감독요원의 지시에 따라 실기시험장으로 이동하여 입실하여 등 번호와 같은 번호의 조리대 앞에 선다.

04 감독위원의 주의사항을 듣고 시작종과 함께 주재료와 재료를 확인하고 조리기구를 꺼내 놓고 시험에 응한다.

05 정해진 시간 내에 완성품 2가지와 등록번호를 제출하고 청소 및 정리 정돈을 한다.

06 주어진 시험 재료 이외의 재료를 사용하면 감점 처리된다.

07 **준비물(시험전 큐넷 확인 필수)**
• 위생복 흰색(상하의) 또는 흰색(상의)+흰색 앞치마, 신발(작업화), 위생모(흰색)
• 오븐형 장갑 · 붓 · 짤주머니 · 분무기
• 온도계
• 50cm 자
• 화장지 소량
• 위생타월(1장), 행주 3장
• 비닐봉투 1장(밀가루)
• 검정색 볼펜
• 신분증(주민등록증, 운전면허증, 학생증 중 1가지)
• 수검표(수검표 분실 시, 신분증은 꼭 지참)
※ 시험장내 모든 개인물품에는 기관 및 성명 등의 표시가 없어야 한다.

08 실기 시험의 합격자는 합격 공고일로부터 60일 이내에 수검 원서를 접수한 한국산업인력공단 각 지방 사무소에 수검표, 증명사진 1매 수수료, 신분증을 제출하고 기능사 자격증을 교부 받는다.

09 합격 공고일로부터 60일 이내에 등록치 않으면 합격이 취소된다.
• 한국산업인력관리공단 각 지방사무소
• 자동안내 전화 : 1644-8000
• 인터넷 : www.q-net.or.kr

밀가루

빵·과자를 만드는 데 있어서 가장 기본이 되는 재료는 밀가루이다. 밀가루의 성질을 제대로 파악하고 만들려는 제품에 적합한 밀가루를 선택하는 것이 바로 제과제빵의 첫걸음이라고 할 수 있다. 밀가루는 수분을 가해 반죽하면 글루텐이 형성되어 점성이 생기는데 이것이 과자나 빵을 만드는데 큰 역할을 담당한다. 다시 말해 이 글루텐이 서로 엉켜서 그물망 구조를 이루고 전분의 입자를 감싸서 다양한 반죽을 만들어 내는 것이다. 이러한 글루텐의 강도와 원료가 되는 밀의 종류 등에 따라 밀가루는 박력분, 중력분, 강력분으로 나누어진다.

1. 박력분
케이크류에 적당하다. 단백질이 8% 정도이고 점성은 약하며 다른 재료와 혼합해서 구워냈을 때는 가볍고 식감이 좋게 완성된다. 점성을 필요로 하지 않는 스펀지 케이크류, 슈 반죽, 쿠키 등에 사용된다.

2. 중력분
국수나 우동 등의 면류에 적당하다. 단백질이 9~10% 정도이고, 글루텐의 강도가 박력분과 강력분의 중간 정도로 일반 시중에서 팔고 있는 밀가루가 대부분 중력분이다.

3. 강력분
파이나 빵류에 적합하다. 단백질을 11~13% 함유하고 있고 점성이 가장 강한 밀가루이다. 접는 파이 반죽 등에는 점성이 약한 밀가루를 사용하게 되면 버터를 싸서 접어 나갈 때 반죽이 터져 롤인 유지가 빠져 나오기 쉽기 때문에 글루텐이 강한 강력분을 사용한다.

양질의 밀가루 선택방법
1. 결이 곱고 흰색이어야 한다.
2. 이상한 냄새가 나는 것은 곰팡이가 핀 것이므로 주의해야 한다.
3. 가루에 덩어리가 생기거나 벌레가 생긴 것은 좋지 않다. 밀가루를 검은색 종이에 올려 놓고 유리막대로 펴서 가볍게 찍어도 부서지지 않으면 곰팡이나 습기 때문에 덩어리 진 것이다.
4. 이물질이 들어간 가루도 좋지 않다.

글루텐이 만들어지기 쉬운 조건
1. 물을 밀가루의 50% 이상 더한다.
2. 반죽 물의 온도는 찬물보다 실온에서 미지근한 물이 좋다. 그래야 단백질과 물이 섞이기 쉽고 효소가 활동하기 쉬워 글루텐이 잘 늘어난다.
3. 그물 조직이 잘 형성되도록 오랫동안 반죽한다. 한 번 반죽하고 나서 휴지시킨 뒤 한 번 더 반죽하면 보다 효과적이다.
4. 부재료가 글루텐 형성에 영향을 준다. 특히 반죽에 더하는 소금은 글루텐의 탄력성을 높여준다.

알아두어야 할 재료

1. 설탕
① 이스트의 먹이(영양물질)가 된다.
② 갈변반응과 캐러멜화 작용으로 껍질색을 진하게 한다.
③ 제품의 단맛과 향을 낸다.
④ 수분 보유력에 의해 제품의 신선도를 오랫동안 유지시킨다.

2. 유지(버터)
① 껍질을 얇고 부드럽게 한다.
② 빵의 수분 증발을 막고 노화를 지연시킨다.
③ 내상을 균일하고 조밀하게 한다.
④ 유지의 독특한 맛과 향을 더해준다.
⑤ 반죽에 유동성을 준다.
⑥ 가스 보유력을 증가시켜 부피를 크게 한다.
⑦ 반죽 취급이나 정형을 용이하게 한다.

3. 물
① 글루텐의 형성을 돕는다.
② 반죽의 온도 및 되기를 조절한다.
③ 소금 등 각 재료를 균등하게 분산시킨다.
④ 전분을 호화시키고 팽윤을 돕는다.
⑤ 반죽내 효소에 활성을 제공한다.
⑥ 제빵에는 아경수가 바람직하다. 연수는 글루텐을 연화시켜 반죽이 연하고 끈적거리게 하며, 경수에는 다량의 광물질이 함유되어 있어 글루텐을 강화시켜 발효시간이 길어진다.

4. 이스트
① 생물학적 팽창제로 탄산가스를 생성한다.
② 제품에 향미를 부여한다.
③ 빵의 부피를 만들어 준다.

5. 소금
① 다른 재료의 맛과 향을 나게 한다.
② 글루텐을 강화시킨다.
③ 발효 속도를 조절한다.

6. 이스트푸드
① 물의 경도를 조절한다. 연수에는 이스트푸드의 사용량을 늘리고 경수는 사용량을 줄인다.
② 황산암모늄 또는 염화암모늄 같은 암모늄이 들어있어 이스트에 질소를 공급하고 이스트의 활성을 높인다.
③ 브롬산이나 요오드칼륨 같은 산화제가 들어 있어 가스 보유력을 증진시키고 제품의 부피를 크게 한다.

7. 달걀
① 영양가를 높인다.
② 제품에 풍미를 개선시킨다.
③ 수분공급제 역할을 한다.
④ 제품의 속색과 껍질색을 향상시킨다.
⑤ 노란자의 레시틴은 유화제 역할을 한다.

8. 탈지분유
① 껍질색을 향상시킨다.
② 완충기능이 있어서 과량시 발효를 저해한다.
③ 노화를 지연시켜 저장성을 증가한다.
④ 밀가루(글루텐)를 강화한다.
⑤ 제품의 맛과 향이 향상된다.
⑥ 제품의 영양가를 높인다.

제과제빵도구

손 거품기
흰자의 머랭을 만들거나 노른자를 풀 때, 또는 단단한 유지를 풀어줄 때 사용한다.

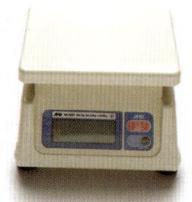

전자저울
재료를 그램(g) 단위로 잴 때 사용한다. 별도의 접시를 이용할 경우 접시값을 뺄 수 있도록 영점 조절을 할 수 있다.

계량컵
케이크, 과자를 구울 때 정확한 용량을 잴수 있는 기구이다. 계량눈금이 표시되어 있어 재료의 정확한 양을 쉽게 측정할 수 있다.

믹싱볼(Mixing Bowl)
핸드믹서를 이용해 휘핑크림을 거품내거나 빵 발효 등에 사용하기 편리한 스텐 볼이다.

모양깍지
여러 가지 모양으로 된 깍지로 오믈렛이나 케이크 장식용으로 크림을 충전할 때 사용한다.

짤주머니
과자반죽, 생크림, 버터크림 등을 넣어 모양깍지를 이용하여 다양한 장식을 할 수 있다.

도넛틀
도넛을 찍을 때 사용되는 틀이다. 제과 실기에서는 케이크 도넛을 정형할 때 사용된다.

앙금주걱
단팥빵 등 앙금이 들어가는 빵 속에 내용물을 넣는 스푼이다.

삼각칼
케이크 옆면에 생크림을 바르고 물결무늬를 낼 때 사용한다.

스크레이퍼
반죽을 분할할 때나 반죽 위를 고르게 펼 때 사용한다.

스파이크 롤러
피자도우, 쿠키반죽 등이 부풀어 오르는 것을 방지하기 위해 구멍을 뚫어주는 역할(가스빼기)을 한다.

커터세트
미니 무스 케이크를 만들 때 사용되며, 쿠키틀로도 사용된다.

파이칼
틀에서 반죽의 여분을 잘라낼 때 사용한다.

나무밀대
발효빵, 쿠키반죽, 타르트 등 부드러운 반죽을 밀기에 적당한 도구이다.

브러시(붓)
케이크 시트의 시럽이나 발효빵용 버터, 달걀물, 올리브유, 초콜릿을 바를 때 사용한다.

주걱
반죽을 섞거나 그릇에 묻은 재료를 말끔하게 긁어낼 때 사용한다.

믹서(Mixer)
재료를 혼합시키며, 제과용 반죽에 공기를 함유시킨다.

휘퍼(Whipper)
달걀이나 생크림의 거품을 올릴 때 사용된다.

훅(Hook)
덩어리 반죽에 주로 사용된다. 주로 빵용에 사용된다.

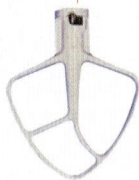
비터(Beater)
버터나 마가린을 비비거나 크림을 만들 때 사용된다.

체
케이크나 시퐁, 머핀같이 부드러운 빵에 사용하는 가루는 두 세번 체를 친 뒤 사용하는 것이 좋고, 쿠키는 한번 체쳐서 사용한다.

Craftsman Confectionary Making
Required Subject
Recipe

제과기능사
실기 20과제

- 과일 케이크
- 다쿠와즈
- 마데라(컵) 케이크
- 마드레느
- 버터스펀지 케이크(공립법)
- 버터스펀지 케이크(별립법)
- 버터 쿠키
- 흑미롤 케이크
- 소프트롤 케이크
- 쇼트브레드 쿠키
- 슈
- 시퐁 케이크(시퐁법)
- 초코롤 케이크
- 타르트
- 젤리롤 케이크
- 초코머핀
- 파운드 케이크
- 브라우니
- 치즈케이크
- 호두파이

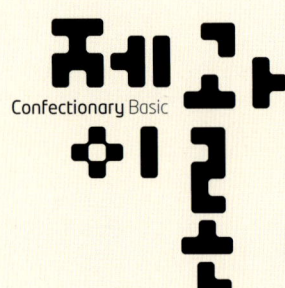

제과이론
Confectionary Basic

Note : 빵과 과자의 차이

제과의 반죽 팽창은 달걀의 단백질 변성과 유지의 크림화에 의해 주로 이루어진다. 일반적으로 제과는 반죽 특성에 따라 반죽형, 거품형, 시폰형 반죽제품으로 나뉜다. 또한 가공형태에 따라 케이크류, 건과류, 냉과류, 초콜릿류, 공예과자, 캔디류, 한과류 등으로 분류한다.

이스트를 사용하는 유무에 따른다.
1. 빵은 밀가루에 소금, 이스트, 물을 넣고 한 덩어리로 만든 후 발효과정을 거쳐 부풀려서 굽는다.
2. 과자는 제품의 종류에 따라 재료가 다르며, 제품 특성에 맞춰서 반죽을 만들어 팬닝하여 굽는다.

분류기준	빵	과자
팽창형태	생물학적	화학적, 물리적
설탕의 함량과 기능	소량, 이스트의 먹이	다량, 윤활작용
밀가루	강력분	박력분
반죽상태	글루텐의 생성 및 발전	글루텐의 생성을 가능한 억제

반죽형 케이크
BATTER TYPE CAKE

- 밀가루, 달걀, 설탕, 유지를 기본 재료로 하고, 부드럽고 조직감이 좋다.
- 유지의 크림성, 유화성을 이용하여 반죽을 만든다.
- 화학팽창제(베이킹파우더)를 이용하여 부풀린 제품이다.
- 대표적인 제품으로는 레이어 케이크, 파운드 케이크, 머핀 케이크, 과일 케이크, 마들렌 등이 있다.

반죽형의 믹싱법은 다음과 같다.

① **크림법 (Creaming Method)**
가장 널리 사용되는 믹싱법으로 유지와 설탕을 먼저 믹싱하여 가벼운 크림 상태로 만든 후, 달걀을 서서히 나누어 넣고 부드러운 크림상태로 만든다. 여기에 밀가루를 넣고 균일하게 혼합한다. 이 방법은 부피가 큰 제품을 얻을 수 있다.

② **블랜딩법 (Blending Method)**
먼저 밀가루와 유지를 넣고 믹싱하여 유지에 의해 밀가루 입자가 피복 될 수 있도록 한 후, 건조 재료와 액체를 넣으면서 균일한 상태로 혼합한다. 부드러운 제품을 만들 때 사용되는 믹싱법이다.

③ **설탕/물법 (Sugar/Water Method)**
일정한 제품을 얻을 수 있으나 초기 시설비가 높고 많은 양을 생산하는 공장에서만 적용되고 있다.

④ 1단계법 (Single stage Method)

모든 재료를 일시에 넣고 믹싱하는 방법으로 노동력과 시간이 절약된다. 이런 장점은 있으나 성능이 좋은 믹싱기와 같은 특수한 기계·장비를 사용해야 하는 단점도 있다.

Note : 반죽형 케이크 작업시 주의사항

① 유지와 설탕을 넣고 충분히 크림상태로(8~10분) 만든 후 달걀의 노른자부터 조금씩 나누어 투입한다.
② 동절기는 유지가 굳어지므로 유지가 녹지 않을 정도로 중탕시켜서 크림화가 잘 되도록 한다.
③ 반죽하는 과정에서 볼(Bowl) 측면과 바닥을 수시로 고무주걱으로 긁어 균일한 반죽이 될 수 있도록 한다.
④ 많은 양의 달걀을 투입할 때 크림이 분리가 된다. 분유 또는 소량의 밀가루를 먼저 첨가하면 수분흡수로 분리를 막아준다.
⑤ 밀가루와 유지를 먼저 섞는 공정은 저속으로 하여 밀가루가 날리지 않도록 한다.
⑥ 밀가루를 섞을 때 덩어리가 생기지 않도록 골고루 가볍게 천천히 혼합한다.

거품형 케이크
FORM TYPE CAKE

- 밀가루, 달걀, 설탕, 소금을 기본재료로 한다.
- 달걀 단백질의 기포성, 유화성, 응고성을 이용하여 반죽을 만든다.
- 공기를 이용한 물리적 팽창방법으로 반죽을 적정 부피로 팽창시킨다.
- 대표적 제품으로는 스펀지 케이크(전란 사용), 엔젤 푸드 케이크(흰자만 이용), 머랭 반죽, 롤 케이크, 카스테라 등이 있다.

거품형의 반죽 방법은 다음과 같이 나뉜다.

① 공립법 (Genoise)

- 더운 믹싱법(Hot method) : 달걀을 거품기로 풀어준 후 소금과 설탕을 넣고 43℃로 중탕하여 충분히 휘핑한 다음 밀가루를 골고루 섞는다. 주로 고율 배합에서 설탕의 용해도를 높여 껍질색을 균일하게 한다.
- 찬 믹싱법(Cold method) : 달걀과 설탕을 중탕하지 않고 믹싱하는 방법으로 공기 포집 속도는 느리지만 튼튼한 거품을 형성하기 때문에 가장 널리 사용되며 주로 저율 배합에서 적합한 믹싱법이다.

② 별립법 (Biscuit)

- 달걀의 노른자와 흰자를 분리하여 제조하는 방법이다.
- 노른자를 거품기로 풀어준 후 전체 설탕의 1/2~1/3을 넣고 설탕이 용해 될 때까지 충분히 믹싱하여 노른자 반죽을 만든다.
- 흰자를 60% 휘핑한 후 설탕을 조금씩 나누어 넣으면서 85~90% 정도의 머랭을 만든다.

- 노른자 반죽에 머랭의 1/3을 넣고 섞은 후 밀가루를 혼합한다.
- 나머지 머랭을 골고루 잘 섞어 준다. 이 때 제품의 부피에 큰 영향을 준다.

Note : 거품형 케이크 작업시 주의사항

① 달걀의 흰자로 머랭을 제조할 때 사용하는 도구에는 기름기가 없도록 한다.
② 중탕온도가 45℃ 이상이 되면 달걀이 익어서 완제품의 속결이 좋지 않고 부피가 줄어든다.
③ 밀가루는 체질해서 덩어리가 생기지 않게 섞어준다. 반죽이 지나치면 글루텐 발전이 생겨 부피가 작고 질긴 제품이 된다.
④ 식용유나 용해한 버터 투입시 반죽을 조금 덜어 섞은 다음 전체 반죽에 넣는다. 많은 양의 액체재료를 넣을 땐 비중이 높아서 가라 앉기 때문에 위·아래 부분을 골고루 잘 섞도록 한다.
⑤ 거품형 케이크는 수분 증발로 수축이 심하게 발생하므로 오븐에서 나오면 즉시 바닥에 약간 내려쳐서 충격을 줌으로써 수축을 줄일 수 있다. 팬 사용시 제품을 빠른 시간 내에 빼야 한다.

시퐁형 케이크
CHIFFON TYPE CAKE

③ 시퐁법 (Chiffon)

- 별립법과 마찬가지로 달걀의 흰자와 노른자를 분리시켜서 흰자는 거품기로 60%의 기포를 형성시킨 후 설탕을 넣어 85~90%의 균일한 기포를 형성시켜 머랭을 만들고, 노른자는 다른 재료와 혼합하여 반죽형을 만들어서 혼합하는 케이크이다.
- 거품형의 부피감과 반죽형의 부드러운 성질을 가지고 있다.
- 시퐁 케이크가 대표적인 제품이다.

Note : 비중(Specific gravity)

반죽의 공기 혼입 정도를 수치로 나타낸 값으로 반죽 무게를 물 무게로 나눈 수치를 비중이라고 한다. 비중값이 낮으면 반죽에 공기가 많이 포함되어 있음을 의미한다. 비중은 제품의 부피와 외형에도 영향을 주지만 내부 기공과 조직에도 밀접한 관계가 있다. 그러므로 반드시 적정한 비중을 만들어 주는 것이 중요하다.

▶ 비중이 제품에 미치는 영향
- 비중의 높고 낮음에 따라 제품의 부피, 기공과 조직에 결정적인 영향을 미친다.
- 같은 무게의 반죽이면서 비중이 높으면 제품의 부피가 작고, 낮으면 제품의 부피가 크다.
- 비중이 낮을수록 제품의 기공이 크고 조직이 거칠며 높을수록 기공이 조밀하고 묵직하다.

▶ 비중 측정방법
먼저, 컵 무게를 측정한 후 물 무게를 측정한다. 물은 컵 윗면까지 볼록하게 물이 찰 때까지 푸딩컵에 따른다. 반죽은 공기가 남아있지 않도록 채우고 마지막으로 스크래퍼로 윗면을 수평으로 깎아 내고 측정한다.

$$비중 = \frac{컵무게 - 반죽무게}{컵무게 - 물무게}$$

▶ 비중 수정하기
만약 측정비중이 요구되는 비중보다 낮다면 반죽에 물을 더 넣거나 손으로 가볍게 저어주면 비중이 올라간다. 하지만 반대로 요구되는 비중보다 높다면 수정할 방법이 없으므로 주의해야 한다.

합격 포인트

1) **배합표 제시**
2) **재료 계량** : 각 재료를 정확히 계량해 진열대 위에 따로따로 늘어 놓는다.
3) **반죽 만들기** : 요구사항에서 제시한 방법에 따라 반죽한다.
4) **성형, 팬닝 (틀에 채우기)** : 반죽을 만드는 동안, 즉 믹서를 돌리는 시간에 미리 틀에 기름칠을 하거나 기름종이를 깔아 둔다. 제품의 특성상 기름기 없는 틀에 위생지를 깔기도 한다. 주어진 틀의 부피에 알맞은 반죽량을 조절해 틀에 채운다. 이때 반죽의 손실을 최소로 하며, 가능한 한 반죽의 윗면을 평평하게 고르고 기포를 제거한다.

짜내기	짤주머니에 반죽을 채우고, 철판에 기름종이를 깔거나 기름칠을 한 뒤 지름, 두께, 간격을 일정하게 맞추어 짜낸다. 짤 때 반죽의 손실을 최소화한다.
찍어내기	원하는 모양과 크기에 알맞은 두께로 모서리가 직각을 이루도록 밀어편다. 형틀이나 칼을 이용, 모양을 뜬다. 자투리 반죽이 많이 생기지 않게 하고 덧가루를 털어낸다.
접어밀기	반죽에 충전용유지를 싸고 밀어펴기와 접기를 반복한다. 두께가 고르고 모서리가 직각을 이루어야 한다. 반죽 위에 유지를 얹고 접어서 원래의 크기로 밀어 편다. 덧가루를 털어 내고, 접어 밀 때마다 냉장 휴지시킨다. 이때 비닐에 싸두어야 표면이 마르지 않는다.

5) **굽기**
① 각 제품의 특성에 알맞은 조건에서 굽는다. 오븐의 앞과 뒤, 가장자리와 중앙이 온도차를 보이면 틀의 위치를 바꿔서 굽는다.
② 완전히 굽는다.
③ 너무 오래 구워 건조해지거나, 타고 설익은 부분이 있어서는 안된다.

6) **개인위생 및 뒷정리** : 깨끗한 위생복 및 위생모를 착용하고, 손톱과 머리를 단정하고 청결히 유지한다. 수험 후 기구와 작업대는 물론 주위를 깨끗이 치우고 청소한다.

7) **제품평가**

부피	전체 크기와 부피감이 알맞은 비율이다.
균형감	어느 한쪽이 찌그러지거나 솟지 않고, 대칭을 이루어야 한다.
껍질	먹음직스러운 색을 띠고 옆면과 바닥에도 구운 색이 들어야 한다.
속결	기공과 조직이 균일해야 한다. 기공이 크거나 조밀하지 않아야 한다.
맛과 향	각 제품 특유의 맛과 향이 나야 한다. 끈적거리거나 탄 냄새, 익지 않은 생재료 맛이 나서는 안 된다.

과일의 식감도 느낄 수 있는

01 과일 케이크

Fruits Cake

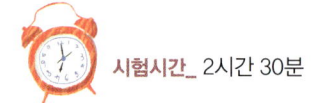
시험시간_ 2시간 30분

요구사항

과일 케이크를 제조하여 제출하시오.
1) 배합표의 각 재료를 계량하여 재료별로 진열하시오.(13분)
2) 반죽은 별립법으로 제조하시오.
3) 반죽온도는 23℃를 표준으로 하시오.
4) 제시한 팬에 알맞도록 분할하시오.
5) 반죽은 전량을 사용하여 성형하시오.

- 반죽 제법 : 복합법(크림법+머랭법)
- 반죽 온도 : 23±1℃
- 생산 수량 : 사각 파운드팬 4개 또는 원형케이크팬(3호) 4개

배합표

비율(%)	재료명	무게(g)
100	박력분	500
90	설탕	450
55	마가린	275(276)
100	달걀	500
18	우유	90
1	베이킹파우더	5(4)
1.5	소금	7.5(8)
15	건포도	75(76)
30	체리	150
20	호두	100
13	오렌지필	65(66)
16	럼주	80
0.4	바닐라향	2
459.9	계	2,299.5 (2,300~2,302)

합격 Point

1) 과일의 전처리
   - 호두는 오븐에 살짝 로스팅한다.
   - 체리, 오렌지필은 잘게 다지고 건포도와 함께 럼주에 버무려 둔다.
2) 머랭 만들기 : 흰자를 60% 정도로 거품을 올린 다음, 나머지 설탕(1/2~2/3)을 3번에 걸쳐서 넣으면서 계속 휘핑 하여 윤기있고 매끈한 중간피크(85~90%, Medium Peak)의 머랭을 만든다.
3) 굽기 시 색깔이 많이 날 수 있으므로 윗면이 연갈색이 나면 다른 철판으로 윗면을 덮거나 분무기로 뿌려 주기도 한다.
4) 과일류가 가라앉는 것을 방지하기 위하여 밀가루를 살짝 묻혀 사용한다. 이때 너무 오래 섞지 않도록 한다.

RECIPE 재료계량 ➡ 반죽 ➡ 팬닝 ➡ 굽기 ➡ 냉각

| 크림반죽 만들기 |

01 마가린을 중간 스텐볼에 넣고 거품기를 사용하여 부드럽게 풀어준다.

02 설탕(1/3~1/2), 소금을 넣고 거품기로 설탕이 반 정도 녹을 때까지 충분히 크리밍한다.

03 난황을 조금씩 나누어 넣으면서 미색을 나타낼 때까지 부드러운 크림상태로 만든다.

| 머랭반죽 만들기 |

04 **머랭 만들기** : 난백을 넣고 60% 정도 거품을 올린 다음, 흰자용 설탕을 조금씩 넣으면서 계속 휘핑하여 중간피크(85~90%) 정도의 머랭을 만든다.

> 흰자를 휘핑할때 노른자, 기름기가 섞이면 거품이 일지 않는다.

05 크림반죽에 머랭반죽을 1/3 정도 투입하고 나무주걱으로 가볍게 섞는다.

06 전처리한 과일류(건포도, 오렌지필, 잘게 다진 체리, 호두)를 여분의 밀가루에 잘 버무린 다음, 반죽에 골고루 섞는다.

> - 건과일(건포도, 오렌지필, 잘게 다진 체리)은 럼주에 담궜다가 건져서 사용한다.
> - 호두는 오븐에서 미리 로스팅하고 다져서 사용한다.
> - 과일류는 밀가루에 버무려서 투입하면 반죽아래로 가라앉지 않고 잘 분산된다.

07 체질한 건조 재료(박력분, 베이킹파우더, 바닐라향)를 나무주걱으로 가볍게 혼합한다.

08 본 반죽에 머랭반죽 1/3을 다시 투입하고 나무주걱으로 가볍게 섞어준다.

09 나머지 머랭반죽 1/3을 넣고 나무주걱으로 가볍게 섞은 후 우유를 넣어 반죽을 완성한다.

10 반죽온도(23℃)를 체크한다.

11 팬닝하기
- 수량 : 사각 파운드팬×4개
- 분할중량 : 510g씩/개 (팬부피의 80%)
- 팬의 옆면에 까는 종이는 팬의 높이 보다 조금 더 올라오게 재단한다.
- 윗면고르기 : 윗면을 편평하게 팬을 돌려 중간을 약간 오목하게 처리하고 거칠고 큰 기포는 제거한다.

12 굽기 : 180/155℃, 15분 → 150/150℃, 20~25분

 TIP

① **부피** : 적정한 부피감을 가지며 부풀어 오른 비율이 알맞아야 한다.
② **균형** : 어느 한쪽이 찌그러짐이 없이 윗면의 중앙이 대칭을 이루고, 균일한 모양으로 균형이 잘 잡혀야 한다.
③ **껍질** : 전체적으로 밝은 갈색을 띠며 옆면, 밑면도 적절한 색이 나야 한다. 껍질이 얇고 부드러우며 표면에 반점과 기포자국이 남지 않아야 한다.
④ **내상** : 기공과 조직이 부위별로 균일하며, 너무 크거나 조밀하지 않으며 큰 기공이나 줄무늬 없이 과일이 골고루 분산되어야 하며 한쪽으로 치우치거나 아래로 가라 앉지 않아야 한다.
⑤ **맛과 향** : 과일의 맛과 향이 케이크의 풍미와 식감과 조화를 잘 이루어야 하며 과일 케이크 고유의 풍미와 식감 이외의 끈적거림, 탄 냄새, 생재료 맛이 없어야 한다.

달콤하고 쫀득한

02 다쿠와즈

Dacquoise

시험시간_ 1시간 50분

요구사항

다쿠와즈를 제조하여 제출하시오.

1) 배합표의 각 재료를 계량하여 재료별로 진열하시오.(5분)
2) 머랭을 사용하는 반죽을 만드시오.
3) 표피가 갈라지는 다쿠와즈를 만드시오.
4) 다쿠와즈 2개를 크림으로 샌드하여 1조의 제품으로 완성하시오.
5) 반죽은 전량을 사용하여 성형하시오.

- 반죽 제법 : 머랭법
- 생산 수량 : 전용팬 2철판 (25조-2매 1조)

배합표

비율(%)	재료명	무게(g)
100	달걀흰자	330
30	설탕	99(98)
60	아몬드분말	198
50	분당	165(164)
16	박력분	54
256	계	846(844)
66	버터크림(샌드용)	218

※ 충전용 재료는 계량시간에서 제외

합격 Point

1) 머랭제조시 머랭이 파괴될 수 있으므로 오버믹싱에 주의한다.
2) 실리콘 페이퍼(유산지) 혹은 평철판에 팬 스프레드를 바르고 다쿠와즈 팬을 올려 놓는다.
3) 다쿠와즈 팬을 사용하지 않을 경우, 반죽을 짤주머니에 담아 팬 스프레드를 바른 평철판에 5~6cm의 동심원으로 짠다.
4) 단단한 머랭을 만들어 혼합시에는 3회 정도 나누어 혼합한다.
5) 같은 크기의 것은 1조로 맞추어 샌드한다.
6) 캐러멜(버터)크림 만들기 : 설탕 200g, 물 60g, 생크림 100g, 버터(무염) 400g

RECIPE   재료계량 ➡ 반죽 ➡ 팬닝 ➡ 굽기 ➡ 냉각 ➡ 샌드

01 박력분, 아몬드분말, 분당을 체를 이용하여 체질한다.

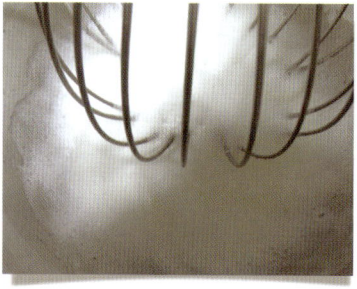

02 스텐볼에 흰자를 담고 거품기를 이용하여 60%까지 거품을 올린다.

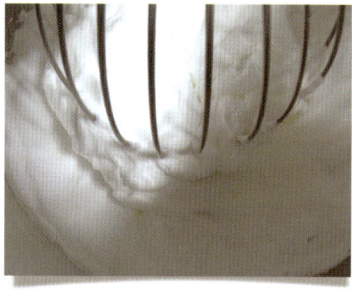

03 설탕을 3~4회 조금씩 나눠서 넣으면서 95~100% 정도의 다소 단단한 머랭을 만든다.

04 머랭 1/3 정도를 넣고 나무주걱으로 가볍게 섞은 후, 다시 나머지 머랭도 균일하게 섞는다.

(흐르성이 없을 정도로 섞는다.)

05 평철판에 실리콘 페이퍼(유산지)를 깔고 다쿠와즈 전용팬을 올려 놓는다.

06 짤주머니에 1cm 원형깍지를 끼워 반죽을 담는다.

07 팬 높이보다 약간 높게 틀안에 채운다.

08 모두 팬닝한 다음 스패츌러나 스크래퍼를 이용하여 윗면이 평평하도록 정리해준다.

09 다쿠와즈 전용팬을 들어 빼낸다.

10 체를 손으로 톡톡 쳐서 반죽 위에 분당을 골고루 뿌려준다.

11 윗불 180℃, 아랫불 140℃ 오븐에서 15분 정도 구워준다.

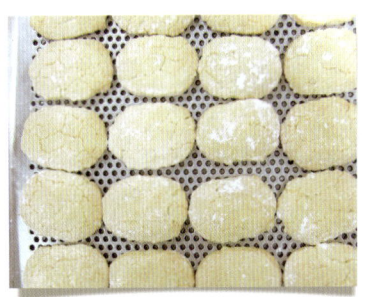
12 식힌 후 실리콘 페이퍼(유산지)를 떼어낸다.

13 샌드용 크림을 발라 비슷한 크기의 제품끼리 2개씩 붙여서 제품을 완성한다.

합격 TIP

① **부피** : 균일한 부피감을 유지해야 한다.
② **균형** : 찌그러짐이 없이 대칭을 이루고, 균일한 모양으로 균형이 잘 잡혀야 한다.
③ **껍질** : 표피의 균열이 고루 분산되고 분당이 균일하게 분포되어야 한다.
④ **내상** : 기공이 크지 않고 고르며 적당량의 크림을 샌드해야 한다.
⑤ **맛과 향** : 씹는 촉감이 부드럽고 다쿠와즈 특유의 맛과 향이 조화를 이루어야 한다.

포도주의 맛과 향이 가득한
03 마데라 (컵) 케이크
Madeira Cake

시험시간_ 2시간

제과 · 제빵기능사 실기 변경사항

◉ 과제별 변경 내역 (요 요구사항, 배 배합표)

과제명	변경 내용 변경 전	변경 내용 변경 후	도서 쪽수
제과 – 마데라(컵) 케이크	–	요 ※ 감독위원은 시험 전 주어진 팬을 감안하여 팬의 개수를 지정하여 공지한다.	33쪽
제과 – 초코머핀	–		89쪽
제과 – 치즈케이크	–		101쪽
제과 – 다쿠와즈	배 비율(%) / 재료명 / 무게(g) 100 / 달걀흰자 / 330 30 / 설탕 / 99(98) 60 / 아몬드분말 / 198 50 / 분당 / 165(164) 16 / 박력분 / 54 256 / 계 / 846(844) 66 / 버터크림(샌드용) / 218 요 5) 반죽은 전량을 사용하여 성형하시오.	배 비율(%) / 재료명 / 무게(g) 130 / 달걀흰자 / 325(326) 40 / 설탕 / 100 80 / 아몬드분말 / 200 66 / 분당 / 165(166) 20 / 박력분 / 50 336 / 계 / 840(842) 90 / 버터크림(샌드용) / 225(226) 요 5) 제시한 2개의 팬에 전량 성형하시오. (단, 시험장 팬의 크기에 따라 감독위원이 별도로 지정할 수 있다.)	29쪽
제과 – 쇼트브레드 쿠키	배 비율(%) / 재료명 / 무게(g) 100 / 박력분 / 500 33 / 마가린 / 165 33 / 쇼트닝 / 165 35 / 설탕 / 175 1 / 소금 / 5 5 / 물엿 / 25 10 / 달걀 / 50 10 / 노른자 / 50 0.5 / 바닐라향 / 2.5(2) 227.5 / 계 / 1,137.5(1,137)	배 비율(%) / 재료명 / 무게(g) 100 / 박력분 / 500 33 / 마가린 / 165(166) 33 / 쇼트닝 / 165(166) 35 / 설탕 / 175(176) 1 / 소금 / 5(6) 5 / 물엿 / 25(26) 10 / 달걀 / 50 10 / 노른자 / 50 0.5 / 바닐라향 / 2.5(2) 227.5 / 계 / 1,137.5(1,142)	63쪽
제빵 – 빵도넛	배 0.3 / 넛메그 / 3.3(3)	배 0.2 / 넛메그 / 2.2(2)	141쪽
제빵 – 단과자빵 (소보로빵)	요 6) 반죽은 25개를 성형하여 제조하고, 남은 반죽은 감독위원의 지시에 따라 별도로 제출하시오.	요 6) 반죽은 24개를 성형하여 제조하고, 남은 반죽과 토핑용 소보로는 감독위원의 지시에 따라 별도로 제출하시오.	145쪽
제빵 – 단팥빵 (비상스트레이드법)	요 4) 반죽은 전량을 사용하여 성형하시오.	요 4) 반죽은 24개를 성형하여 제조하고, 남은 반죽은 감독위원의 지시에 따라 별도로 제출하시오.	175쪽
제빵 – 베이글	요 7) 팬 2개에 완제품 16개를 구워 제출하시오.	요 7) 팬 2개에 완제품 16개를 구워 제출하고 남은 반죽은 감독위원의 지시에 따라 별도로 제출하시오.	187쪽

※ 본 과제별 변경 내역은 도서 발행 이후 공단의 공개문제 변경사항을 반영하여 정리한 것입니다.
※ 본 도서 내용은 제과 및 제빵기능사 실기 공개문제의 제품 제작 공정을 이해하고 습득하기 위한 학습자료이며, 실기시험 당일 제시되는 분할무게, 수량 등의 구체적인 요구사항이 한국산업인력공단의 공개문제 변경에 따라 달라진 경우 변경된 내용에 따라 제품을 제조하여야 합니다.
※ 요구사항 등은 실기시험 당일 수험자에게 프린트물로 주어지는 공개문제 내용에 모두 포함되어 있으므로 암기하실 필요는 없습니다.

요구사항

마데라(컵) 케이크를 제조하여 제출하시오.

1) 배합표의 각 재료를 계량하여 재료별로 진열하시오.(9분)
2) 반죽은 크림법으로 제조하시오.
3) 반죽온도는 24℃를 표준으로 하시오.
4) 반죽분할은 주어진 팬에 알맞은 양을 팬닝하시오.
5) 적포도주 퐁당을 1회 바르시오.
6) 반죽은 전량을 사용하여 성형하시오.

- 반죽 제법 : 크림법
- 반죽 온도 : 24±1℃
- 생산 수량 : 컵케이크 24개

배합표

비율(%)	재료명	무게(g)
100	박력분	400
85	버터	340
80	설탕	320
1	소금	4
85	달걀	340
2.5	베이킹파우더	10
25	건포도	100
10	호두	40
30	적포도주	120
418.5	계	1,674
20	분당	80
5	적포도주	20

※ 충전용 재료는 계량시간에서 제외

합격 Point

1) 건포도와 호두는 약간의 덧가루를 뿌려 버무린 후 투입하는 것이 좋다.
2) 전체 굽기 공정의 95% 정도 진행되었을 때 윗면 전체에 포도주시럽을 발라준 후 다시 오븐에 넣고 수분을 건조시켜 시럽이 하얗게 변하면 종료한다.
3) 반죽의 되기를 확인하며 적포도주를 투입 후 팬에 약 80% 정도 팬닝한다.

RECIPE   재료계량 ➡ 반죽 ➡ 팬닝 ➡ 굽기 ➡ 냉각

01 호두를 오븐에 넣어 구운 후 잘게 부수고, 건포도는 포도주에 담궈서 불린다.

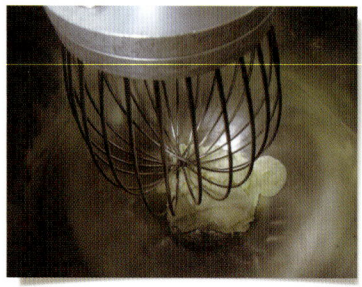

02 믹싱볼에 버터를 넣고 고속으로 휘핑하여 부드럽게 풀어준다.

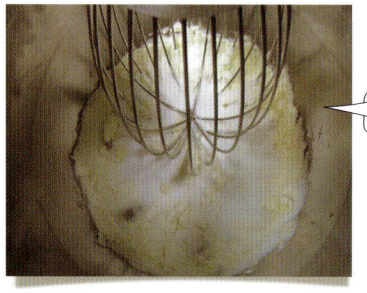

크림화를 충분히 한다.

03 설탕, 소금을 넣고 크림상태로 만든다.

노른자를 먼저 혼합한다.

04 달걀을 3~4회 나누어 투입하여 중속에서 고속으로 혼합한다.

05 전처리한 호두와 건포도를 넣어 저속으로 혼합한다.

06 체질한 박력분, 베이킹파우더를 넣어 저속에서 중속으로 혼합한다.

07 적포도주를 넣고 골고루 섞일 정도만 혼합한다.

08 반죽온도를 체크하고 컵케이크 팬의 내부에 컵 유산지를 깔아서 준비한다.

09 짤주머니에 반죽을 담아 팬 부피의 80% 정도로 20개 팬닝한다.

10 윗불 180℃, 아랫불 160℃에서 15분 굽다가 색이 나면 윗불 150℃, 아랫불 150℃에서 5분 구워준다.

11 적포도주 20g, 분당 80g을 혼합하여 마무리 재료를 준비한다.

12 구워진 제품 윗면에 붓을 이용하여 적포도주 퐁당을 바른다.

13 오븐에 다시 넣어 200℃/140℃에서 2~3분 정도 구운 후 컵에서 빼내 냉각팬에서 식힌다.

TIP

① **부피** : 팬 위로 부풀어 오른 비율이 알맞아야 한다.
② **균형** : 찌그러짐이나 편평함이 없이 균일한 모양으로 대칭을 이루고, 균형이 잘 잡혀야한다.
③ **껍질** : 껍질이 두껍지 않고 부드러우며 전체적으로 밝은 갈색을 띄며 시럽의 하얀색과 조화를 이루어야 한다.
④ **내상** : 기공과 조직이 부위별로 고르며 부드러워야 한다. 충전물이 가라앉는 부분이 없이 골고루 분포해야 하며, 익지 않은 부위가 없어야 한다.
⑤ **맛과 향** : 식감이 부드럽고 마데라(컵) 케이크 특유의 포도주 맛과 버터 향을 지녀야 한다.

조개모양의 예쁜 프렌치 쿠키

04 마드레느

Madeleine

시험시간_ 1시간 50분

요구사항

마드레느를 제조하여 제출하시오.

1) 배합표의 각 재료를 계량하여 재료별로 진열하시오.(7분)
2) 마드레느는 수작업으로 하시오.
3) 버터를 녹여서 넣는 1단계법(변형) 반죽법을 사용하시오.
4) 반죽온도는 24℃를 표준으로 하시오.
5) 실온에서 휴지를 시키시오.
6) 제시된 팬에 알맞은 반죽량을 넣으시오.
7) 반죽은 전량을 사용하여 성형하시오.

- 반죽 제법 : 1단계법(변형), 수작업
- 반죽 온도 : 24±1℃
- 생산 수량 : 전용팬 3철판

배합표

비율(%)	재료명	무게(g)
100	박력분	400
2	베이킹파우더	8
100	설탕	400
100	달걀	400
1	레몬껍질	4
0.5	소금	2
100	버터	400
403.5	계	1,614

합격 Point

1) 반죽(혼합) 시 오버믹싱(overmixing)에 유의한다.
2) 레몬껍질은 노란 부분만을 절취하여 잘게 다져서 반죽에 투입한다.
3) 실온에서 비닐을 덮어서 약 30분간 휴지시킨다. (작업실의 온도에 따라 휴지시간이 달라질 수 있음)
4) 팬의 전처리 : 팬에 쇼트닝을 얇게 펴서 바르고 밀가루나 전분을 가볍게 뿌린 후 털어낸다.

RECIPE
재료계량 ➡ 반죽 ➡ 실온에서 휴지 ➡ 팬닝 ➡ 굽기 ➡ 냉각

01 박력분, 베이킹파우더를 체질한다.

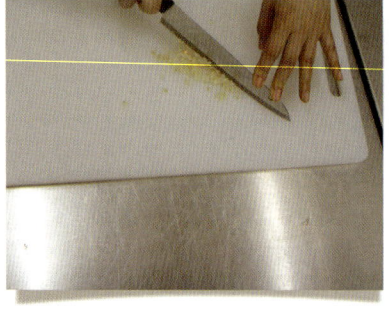
02 레몬껍질의 노란부분만 잘게 다져 놓는다.

03 버터를 스텐볼에 담아 중탕 용해 (40~60℃)시킨 후 30℃로 냉각시킨다.

04 체질한 가루와 설탕, 소금을 혼합한다.

05 달걀을 풀어서 2~3회 나눠 넣으면서 응어리가 생기지 않도록 골고루 혼합한다. (오버믹싱에 유의한다.)

06 중탕으로 녹인 버터와 잘게 다져놓은 레몬껍질의 노란부분을 넣어 혼합한다. (거품이 나지 않게 저어 준다.)

07 반죽이 완료되면 반죽온도(24℃)를 체크하고 비닐을 덮어 실온에서 30분간 휴지시킨다.

틀에서 잘 분리하기 위해

08 반죽이 휴지되는 동안 마드레느 전용팬에 쇼트닝을 바른다.

09 짤주머니에 원형깍지를 끼워 반죽을 담은 후 틀에 80% 정도 채운다.

10 윗불 160℃, 아랫불 130℃ 오븐에서 15~18분 구워준다.

 TIP

① **부피** : 부피가 알맞고 균일해야 한다.
② **균형** : 균형이 잘 잡히고 대칭을 이루며 찌그러짐이 없어야 한다.
③ **껍질** : 껍질이 얇고 부드러우며 전체적으로 밝은 갈색을 띠며 윗면에 반점과 기포자국이 남지 않고 줄무늬가 선명해야 한다.
④ **내상** : 조직이 부드러우며, 기공이 일정하고 밝은 노란색을 나타내야 한다.
⑤ **맛과 향** : 식감이 부드럽고 마드레느 특유의 맛과 향이 잘 조화를 이루며 생재료의 맛이나 이상한 맛, 이상한 냄새 등이 없어야 한다.

해면같은 조직감

05 버터스펀지 케이크 (공립법)

Butter Sponge Cake

시험시간_ 1시간 50분

요구사항

버터스펀지 케이크(공립법)를 제조하여 제출하시오.
1) 배합표의 각 재료를 계량하여 재료별로 진열하시오.(6분)
2) 반죽은 공립법으로 제조하시오.
3) 반죽온도는 25℃를 표준으로 하시오.
4) 반죽의 비중을 측정하시오.
5) 제시한 팬에 알맞도록 분할하시오.
6) 반죽은 전량을 사용하여 성형하시오.

- 반죽 제법 : 공립법
- 반죽 온도 : 25±1℃
- 반죽 비중 : 0.50±0.05
- 생산 수량 : 지름 21cm 원형케이크팬(3호) 4개

배합표

비율(%)	재료명	무게(g)
100	박력분	500
120	설탕	600
180	달걀	900
1	소금	5(4)
0.5	바닐라향	2.5(2)
20	버터	100
421.5	계	2,107.5 (2,106)

합격 Point

1) 반죽에 첨가하는 용해버터의 온도는 60℃ 정도가 되도록 한다. (40℃ 이하일 경우에는 반죽 속에서 버터가 굳어 버려 반죽과 분리된다.)
2) 반죽의 휘핑 종점 판단
   - 반죽을 주걱으로 들었다가 떨어뜨려서 리본 무늬가 남을 정도
   - 손으로 반죽을 긁어 골이 잡혀 있을 정도
   - 손가락으로 반죽을 찍어서 달라붙어 있는 정도 등
3) 굽기 종료 후 오븐에서 꺼내 살짝 한번 내려쳐 준 후, 팬에서 빨리 벗기면 수축을 방지할 수 있다.
4) 공립법은 별립법보다 상대적으로 속결이 조밀하고 기공 크기가 작으며 다소 무거운 식감의 제품이 된다.

RECIPE
재료계량 ➡ 반죽 ➡ 팬닝 ➡ 굽기 ➡ 냉각

01 전란을 넣고 믹싱볼에 잘 풀어준다.

실온이 낮은 경우는 중탕기에 올려서 40℃ 정도의 온도를 맞춰서 휘핑한다.

02 설탕, 소금을 넣고 중속으로 휘핑하다가 어느 정도 용해되면 중고속으로 충분히 휘핑한다.

03 믹싱볼에서 휘퍼가 지나간 자국이 지워지지 않고 남는다거나 반죽이 부풀어 올라 미황색을 보일 때 휘핑을 종료한다.

04 반죽을 중간 스텐볼에 담아서 작업대에 올리고 체질한 건조 재료(박력분, 바닐라향)를 넣고 나무주걱으로 가볍게 서서히 섞는다.

05 반죽의 일부를 덜어서 60℃의 용해 버터를 완전히 섞어 본반죽에 다시 신속하게 혼합해 준다.

06 반죽온도(25℃)와 비중(0.50)을 체크한다.

07 팬닝하기

- 수량 : 지름 21cm 원형케이크팬(3호)×4개
- 분할 중량 : 495g씩/개(팬부피의 50~60%), 고무주걱으로 윗면을 편평하게 고르면서 윗 부분의 큰 기포를 제거한다.
- 팬의 옆면에 까는 종이는 팬의 높이보다 조금 더 올라오게 재단한다.

08 굽기

- 170/150℃, 15분 → 150/150℃, 10~15분
- 윗면 중앙 부분을 손끝으로 눌러보아 약간 탄력이 있거나, 나무꼬치로 찔러보아 반죽이 묻어나지 않으면 굽기 완료로 판단한다.

09 냉각 : 굽기가 완료되면 오븐에서 꺼낸 후 바로 팬에서 빼내서 냉각팬 위에서 냉각시킨다.

TIP

① **부피** : 적정한 부피감을 가지며 부풀어 오른 비율이 알맞아야 한다.

② **균형** : 어느 한쪽이 찌그러짐이 없이 윗면의 중앙이 대칭을 이루고, 균일한 모양으로 균형이 잘 잡혀야 한다.

③ **껍질** : 전체적으로 밝은 황금 갈색을 띠며 옆면, 밑면도 적절한 색이 나야 한다. 껍질이 얇고 부드러우며 표면에 반점과 기포자국이 남지 않아야 한다.

④ **내상** : 기공과 조직이 부위별로 균일하며, 너무 크거나 조밀하지 않으며 큰 기공이나 줄무늬 없는 스펀지 조직감을 보이고 연한 미황색을 보여야 하며 달걀덩어리가 뭉쳐있지 않아야 한다.

⑤ **맛과 향** : 버터스펀지 케이크 특유의 맛과 향을 지니며 씹는 맛이 부드러워야 한다. 또한 버터스펀지 케이크 고유의 풍미와 식감 이외의 끈적거림, 탄 냄새, 생재료 맛이 없어야 한다.

속결이 부드러운

06 버터스펀지 케이크 (별립법)
Butter Sponge Cake

시험시간_ 1시간 50분

요구사항

버터스펀지 케이크(별립법)를 제조하여 제출하시오.
1) 배합표의 각 재료를 계량하여 재료별로 진열하시오.(8분)
2) 반죽은 별립법으로 제조하시오.
3) 반죽온도는 23℃를 표준으로 하시오.
4) 반죽의 비중을 측정하시오.
5) 제시한 팬에 알맞도록 분할하시오.
6) 반죽은 전량을 사용하여 성형하시오.

- **반죽 제법** : 별립법
- **반죽 온도** : 23±1℃
- **반죽 비중** : 0.45±0.05
- **생산 수량** : 지름 21cm 원형케이크팬(3호) 4개

배합표

비율(%)	재료명	무게(g)
100	박력분	600
60	설탕(A)	360
60	설탕(B)	360
150	달걀	900
1.5	소금	9(8)
1	베이킹파우더	6
0.5	바닐라향	3(2)
25	용해버터	150
194	계	2,388 (2,386)

합격 Point

1) 흰자와 노른자를 분리할 때 흰자에 노른자가 섞이지 않도록 한다.
2) 노른자 반죽은 노란색이 약간 희어져 반죽을 찍어 올렸을 때 뚝뚝 떨어지는 정도로 믹싱하며 반죽에는 점도가 있어야 한다.
3) 별립법에서는 머랭 제조가 중요하다. 중간피크의 윤기가 나고 튼튼한 머랭을 만들어야 반죽과 잘 섞이고 제품의 속결도 좋다.
4) 노른자 반죽을 먼저 믹싱한 후 스텐볼에 옮기고서, 믹싱볼을 깨끗이 세척한 후 흰자를 넣어 믹싱하여 머랭을 만든다.

RECIPE
재료계량 ➡ 반죽 ➡ 팬닝 ➡ 굽기 ➡ 냉각

01 전란을 난황과 난백으로 잘 분리한다.

> 실온이 낮은 경우는 중탕기에 올려서 40℃ 정도의 온도를 맞춰서 휘핑한다.

02 노른자 반죽 만들기
믹싱볼에 거품기로 난황을 넣고 잘 풀어준 후 노른자용 설탕, 소금을 넣고 밝은 미황색이 될 때까지 충분히 휘핑한다.

> 흰자를 휘핑할 때 노른자, 기름기가 섞이면 거품이 일지 않는다.

03 머랭 만들기
난백을 넣고 60% 정도 거품을 올린 다음, 흰자용 설탕을 조금씩 넣으면서 계속 휘핑하여 중간피크(85~90%) 정도의 머랭을 만든다.

04 노른자 반죽에 머랭을 1/3 정도 넣고 나무주걱으로 섞는다.

05 체질한 건조 재료(박력분, 베이킹파우더, 바닐라향)를 넣고 나무주걱으로 가볍게 서서히 섞는다.

06 반죽의 일부를 덜어서 60℃의 용해 버터를 완전히 섞어 본반죽에 다시 신속하게 혼합해 준다.

07 나머지 머랭(2/3)을 2번으로 나눠서 거품이 꺼지지 않도록 가볍게 섞어 반죽을 완성하고, 반죽온도(23℃)와 반죽비중(0.45)을 체크한다.

08 팬닝하기
- 수량 : 지름 21cm 원형케이크팬(3호)×4개
- 분할 중량 : 495g씩/개 (팬부피의 50~60%), 고무주걱으로 윗면을 편평하게 고르면서 윗 부분의 큰 기포를 제거한다.
- 팬의 옆면에 까는 종이는 팬의 높이보다 조금 더 올라오게 재단한다.

09 굽기
- 170/150℃, 15분 → 150/150℃, 10~15분
- 윗면 중앙 부분을 손끝으로 눌러보아 약간 탄력이 있거나, 나무꼬치로 찔러보아 반죽이 묻어나지 않으면 굽기 완료로 판단한다.

10 냉각 : 굽기가 완료되면 오븐에서 꺼낸 후 바로 팬에서 빼내서 냉각팬으로 옮겨서 냉각시킨다.

합격 TIP

① 부피 : 적정한 부피감을 가지며 부풀어 오른 비율이 알맞아야 한다.
② 균형 : 어느 한쪽이 찌그러짐이 없이 윗면의 중앙이 좌우 대칭을 이루고, 균일한 모양으로 균형이 잘 잡혀야 한다.
③ 껍질 : 전체적으로 밝은 황금 갈색을 띠며 옆면, 밑면도 적절한 색이 나야 한다. 껍질이 얇고 부드러우며 표면에 반점과 기포자국이 남지 않아야 한다.
④ 내상 : 기공과 조직이 부위별로 균일하며, 너무 크거나 조밀하지 않으며 큰 기공이나 줄무늬 없는 스펀지 조직감을 보이고 연한 미황색을 띠어야 한다.
⑤ 맛과 향 : 버터스펀지 케이크 특유의 맛과 향을 지니며 씹는 맛이 가볍고 부드러워야 한다. 또한 고유의 풍미와 식감 이외의 끈적거림, 탄 냄새, 생재료 맛이 없어야 한다.

바삭바삭 고소한
07 버터 쿠키
Butter Cookie

 시험시간_ 2시간

요구사항

버터 쿠키를 제조하여 제출하시오.

1) 배합표의 각 재료를 계량하여 재료별로 진열하시오.(6분)
2) 반죽은 크림법으로 수작업 하시오.
3) 반죽온도는 22℃를 표준으로 하시오.
4) 별모양깍지를 끼운 짤주머니를 사용하여 2가지 모양짜기를 하시오.
   (8자, 장미모양)
5) 반죽은 전량을 사용하여 성형하시오.

- 반죽 제법 : 크림법, 수작업
- 반죽 온도 : 22±1℃
- 생산 수량 : 3철판

배합표

비율(%)	재료명	무게(g)
100	박력분	400
70	버터	280
50	설탕	200
1	소금	4
30	달걀	120
0.5	바닐라향	2
251.5	계	1,006

합격 Point

1) 달걀을 서서히 투입하여 크림이 분리되지 않도록 해야 한다.
2) 반죽은 90% 정도만 혼합한다. (오버믹싱에 유의)
3) 성형(짜기)시 일정 모양, 일정 크기와 두께, 일정 간격으로 유지한다.
4) 팬닝 후 약간 건조시켜 구워야 줄무늬가 선명해진다.

RECIPE 재료계량 ➡ 반죽 ➡ 성형 ➡ 굽기 ➡ 냉각

01 스텐볼(중)에 버터를 넣고 부드럽게 풀어준다.

02 설탕과 소금을 넣고 거품기로 충분히 크리밍한다.

(난황을 먼저 투입한다.)

03 달걀을 조금씩 나누어 넣으면서 부드러운 크림 상태로 만든다.

04 체질한 건조 재료(박력분, 바닐라향)를 나무주걱으로 가볍게 서서히 혼합한다.

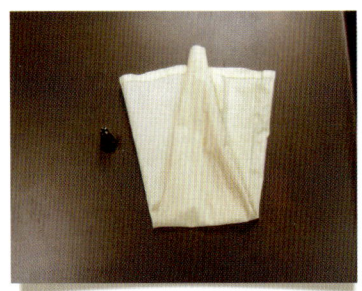
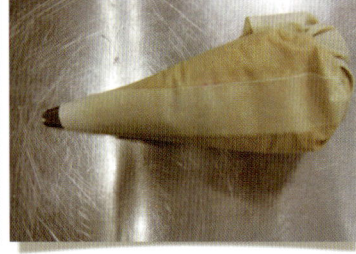

05 별모양 깍지와 짤주머니를 사용하여 반죽을 담는다.

06 요구하는 2가지(8자, 장미) 모양으로 부피감있게 짜준다.

07 짜 놓은 반죽의 무늬가 선명하게 유지되도록 실온에서 10분 정도 표면을 건조시킨다.

08 윗불 185℃, 아랫불 140℃ 오븐에서 10~12분 정도 구워준다.

09 구운 즉시 팬에서 빼내서 식힌다.

TIP

① **부피** : 부피가 알맞고 퍼짐성이 일정해야 한다.
② **균형** : 모양이 균일하며 대칭을 이루고, 균형이 잘 잡혀야 한다.
③ **껍질** : 껍질 색깔이 연한 황금갈색을 나타내고 줄무늬가 선명하게 나와야 한다.
④ **내상** : 기공과 조직이 부위별로 고르며 부드러워야 한다.
⑤ **맛과 향** : 식감이 부드러우며 버터 쿠키 특유의 맛과 버터 향이 조화를 이루어야 한다.

풍부한 영양과 담백한 식감의
08 흑미롤케이크
Black Rice Roll Cake

 시험시간_ 1시간 50분

요구사항

흑미롤 케이크(공립법)를 제조하여 제출하시오.

1) 배합표의 각 재료를 계량하여 재료별로 진열하시오(7분).
2) 반죽은 공립법으로 제조하시오.
3) 반죽온도는 25℃를 표준으로 하시오.
4) 반죽의 비중을 측정하시오.
5) 제시한 팬에 알맞도록 분할하시오.
6) 반죽은 전량을 사용하여 성형하시오.
   (시트의 밑면이 윗면이 되게 정형하시오.)

- 반죽 제법 : 공립법
- 반죽 온도 : 25±1℃
- 반죽 비중 : 0.50±0.05
- 생산 수량 : 1철판(롤케이크 2개)

배합표

비율(%)	재료명	무게(g)
80	박력쌀가루	240
20	흑미쌀가루	60
100	설탕	300
155	달걀	465
0.8	소금	2.4(2)
0.8	베이킹파우더	2.4(2)
60	우유	180
416.6	계	1249.8(1249)
60	생크림	150

※ 충전용 재료는 계량시간에서 제외

합격 Point

1) 반죽의 휘핑 종점 판단하기
   - 반죽을 주걱으로 떠올린 후 떨어뜨려서 리본 무늬가 남을 정도
   - 손으로 반죽을 긁었을 때 골이 잡혀 있을 정도
   - 손가락으로 찍어서 달라붙어 있는 정도 등
2) 패닝 후 오븐에 들어가기 전 팬을 살짝 내려쳐서 기포를 제거하고, 굽기 종료 후 오븐에서 꺼내 다시 살짝 내려쳐 준다. 그리고 팬에서 빨리 이형하면 시트의 수축을 방지할 수 있다.
3) 롤 케이크 시트가 완전히 냉각되기 전, 습기가 있을 때에 마는 것이 표면이 터지지 않아 좋다. 시트가 너무 뜨거울 때 말기를 하면 제품이 가라앉고 부피가 작아진다. 따라서 조금 식힌 다음 말기를 하고 신속하게 말아야 표면이 갈라지지 않는다.

RECIPE

재료계량 ➡ 반죽 ➡ 팬닝 ➡ 굽기 ➡ 냉각 ➡ 말기

01 박력쌀가루, 흑미쌀가루, 베이킹파우더를 2번 이상 곱게 체질한다.

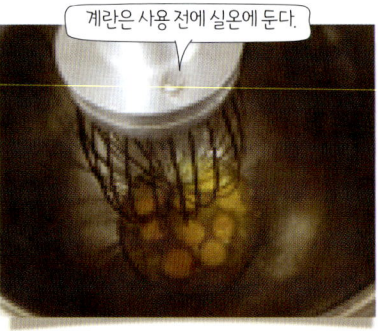

계란은 사용 전에 실온에 둔다.

02 믹싱볼에 전란을 넣고 중속으로 풀어준 후 설탕, 소금을 넣고 미황색이 될 때까지 휘핑한다.

03 과정 02의 반죽을 스텐볼에 담아 작업대에 올리고 체질한 가루(박력쌀가루, 흑미쌀가루, 베이킹파우더)를 넣고 주걱으로 가볍게 섞는다.

반죽온도 25℃

04 40~60℃의 우유를 넣고 가볍게 혼합하며 우유가 고루 섞였는지 반죽상태를 확인한 후 반죽온도(25℃)와 반죽비중(0.50)을 체크한다.

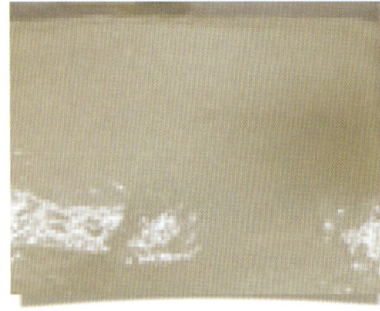

05 **팬닝하기** : 평철판(1장)에 위생지를 깔고 주걱으로 반죽을 모서리 방향으로 신속히 펼친 다음, 윗면을 편평하게 하고 윗부분의 큰 기포를 제거한다.

06 **굽기**
- 180/150℃, 15분 → 150/150℃, 5~10분
- 윗면 부분을 손끝으로 눌러보아 약간 탄력이 있으면 굽기를 완료한다.

07 **생크림 바르고 말기(누드말기)**
- 생크림을 휘핑하여 구운 시트의 윗면에 바르며, 충전물을 바를 때 반죽 시트가 찢어지지 않도록 주의한다.
- 말기가 용이하도록 케이크 칼로 말기 시작하는 앞부분에 1cm 간격으로 칼집을 두 군데 내준다.

> 표면에 터짐이 없고 내부에 구멍이 생기지 않도록 주의한다.

08 원형이 잘 유지되도록 말아 제품을 완성한다.

09 완성된 제품은 위생지에 올려서 제출한다.

 TIP

① **부피** : 말기를 한 제품이 적정한 부피감을 가지며 부풀어 오른 비율이 알맞아야 한다.
② **균형** : 어느 한쪽이 가늘거나 굵지 않고 윗면의 중앙이 좌우 대칭을 이루고, 균일한 모양으로 균형이 잘 잡혀야 한다.
③ **껍질** : 전체적으로 껍질이 얇고 부드러우며, 껍질이 일어나지 않고 표면이 갈라지거나 반점과 기포자국이 남지 않아야 한다.
④ **내상** : 기공과 조직이 전체적으로 고르며 부드러워야 하며 말은 상태가 너무 눌리거나 공동이 생기지 않아야 한다. 또한, 생크림은 요구사항에 따라 반드시 구운 시트의 윗면에 바르고, 원형이 잘 유지되도록 말아야 한다.
⑤ **맛과 향** : 흑미롤 케이크 특유의 맛과 향을 지니며 씹는 맛이 부드러워야 한다.

사르르 부드러운 맛

09 소프트롤 케이크
Soft Roll Cake

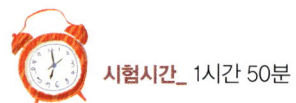
시험시간_ 1시간 50분

소프트롤 케이크를 제조하여 제출하시오.

1) 배합표의 각 재료를 계량하여 재료별로 진열하시오.(10분)
2) 반죽은 별립법으로 제조하시오.
3) 반죽온도는 22℃를 표준으로 하시오.
4) 반죽의 비중을 측정하시오.
5) 제시한 팬에 알맞도록 분할하시오.
6) 반죽은 전량을 사용하여 성형하시오.
7) 캐러멜 색소를 이용하여 무늬를 완성하시오.
   (무늬를 완성하지 않으면 제품 껍질 평가 0점 처리)

- 반죽 제법 : 별립법
- 반죽 온도 : 22±1℃
- 반죽 비중 : 0.40±0.05
- 생산 수량 : 1철판(롤케이크 2개)

배합표

비율(%)	재료명	무게(g)
100	박력분	250
70	설탕(A)	175(176)
10	물엿	25(26)
1	소금	2.5(2)
20	물	50
1	바닐라향	2.5(2)
60	설탕(B)	150
280	달걀	700
1	베이킹파우더	2.5(2)
50	식용유	125(126)
593	계	1,482.5(1,484)
80	잼	200

※ 충전용 재료는 계량시간에서 제외

합격 Point

1) 흰자와 노른자 분리 시 흰자에 노른자가 일부 섞이면 노른자의 지방 성분으로 인해 거품 형성이 방해되므로 절대 혼입되어서는 안된다.
2) 식용유 혼합 시 반죽 일부를 넣고 혼합한 후 다시 본반죽에 섞으면 식용유의 혼합이 훨씬 용이하다.
3) 시트를 말 때 처음 말리는 부분이 단단하게 잘 말려야 하며, 말아준 다음에 마지막 부분은 본반죽에 밀대를 이용하여 잠시 눌러둔다.

 **RECIPE** 재료계량 ➡ 반죽 ➡ 팬닝 ➡ 무늬내기 ➡ 굽기 ➡ 냉각 ➡ 말기

01 전란을 난황과 난백으로 잘 분리한다.

| 노른자 반죽 만들기 |

02 믹싱볼에 거품기로 난황을 넣고 잘 풀어준 후 노른자용 설탕, 소금, 물엿을 넣고 점도가 생기면서 밝은 미 황색이 될 때까지 충분히 휘핑한다. 이후에 40~60℃ 물을 조금씩 넣고 섞어준다.

| 머랭 만들기 |

흰자를 휘핑할때 노른자, 기름기가 섞이면 거품이 일지 않는다.

03 난백을 넣고 60% 정도 거품을 올린 다음, 흰자용 설탕을 조금씩 넣으면서 계속 휘핑하여 중간피크(85~90%) 정도의 머랭을 만든다.

04 노른자 반죽에 머랭을 1/3 정도 넣고 나무주걱으로 섞는다.

05 체질한 건조재료(박력분, 베이킹파우더, 바닐라향)를 넣고 나무주걱으로 가볍게 서서히 섞는다.

06 반죽의 일부를 40~60℃의 식용유에 완전히 섞어 본 반죽에 다시 신속하게 혼합한다.

  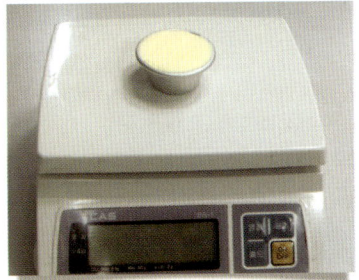

07 나머지 머랭(2/3)을 2번으로 나눠서 거품이 꺼지지 않도록 가볍게 섞어 반죽을 완성하고, 반죽온도(22℃)와 반죽비중(0.40)을 체크한다.

| 무늬용 반죽 만들기 |

08 작은 그릇에 본반죽을 조금 덜어내서 캐러멜 색소를 섞어 다소 짙은색의 무늬용 반죽을 준비한다.

| 무늬내기 |

09 무늬용 반죽을 파이핑 튜브에 담아 1.5~2cm 간격을 유지하면서 반죽 표면의 2/3 정도에 가늘게 지그재그로 짠 다음, 90°방향을 틀어서 젓가락이나 나무꼬치 등을 이용하여 일정 간격으로 지그재그로 무늬를 낸다.

| 굽기 |

10 170/150℃, 15분 → 150/150℃, 10~15분
윗면 부분을 손끝으로 눌러보아 약간 탄력이 있거나, 나무꼬치로 찔러보아 반죽이 묻어나지 않으면 굽기 완료로 판단한다.

| 냉각 |

11 굽기가 완료되면 오븐에서 꺼낸 후 바로 팬에서 빼내서 냉각팬으로 옮겨 냉각시킨다.

12 식품지에는 붓으로 식용유를 적당히 발라 케이크 시트를 말 때 껍질이 달라붙지 않도록 한다.

13 딸기잼을 필요 이상으로 많이 바르면 오히려 절단면에 잼이 흘러나와 상품성을 훼손할 수 있다.

14 말기가 용이하도록 하기 위하여 케이크칼로 말기 시작하는 앞부분에 1cm 간격으로 칼집을 두 군데 정도 내어 처음에 잘 말리도록 한다.

| 말기 |

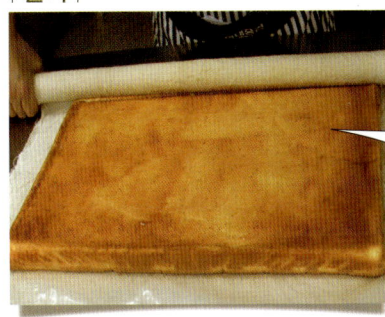

케이크를 말때 표면에 터짐이 없고, 내부에 공동이 생기지 않도록 주의한다.

15 긴 밀대와 롤보자기를 사용하여 일정한 힘으로 말아준다.

16 완성된 모습

 TIP

① **부피** : 말기를 한 제품이 적정한 부피감을 가지며 부풀어 오른 비율이 알맞아야 한다.
② **균형** : 어느 한쪽이 가늘거나 굵지 않고 윗면의 중앙이 좌우 대칭을 이루고, 균일한 모양으로 균형이 잘 잡혀야 한다.
③ **껍질** : 전체적으로 밝은 황금 갈색을 띠며 무늬 모양이 균일하고 선명해야 한다. 껍질이 얇고 부드러우며, 껍질이 일어나지 않고 표면이 갈라지거나 반점과 기포자국이 남지 않아야 한다.
④ **내상** : 기공과 조직이 부위별로 균일하며, 말은 상태가 너무 눌리거나 공동이 생기지 않아야 한다. 잼의 두께가 알맞고 밖으로 흐르지 않아야 하고 또한 너무 적게 발라 케이크 시트가 일어나지 않아야 하고, 연한 미황색의 내색상을 띠어야 한다.
⑤ **맛과 향** : 소프트롤 케이크 특유의 맛과 향을 지니며 씹는 맛이 가볍고 부드러워야 한다. 또한 잼을 너무 많이 발라 달거나 끈적거림, 탄 냄새, 생재료 맛이 없어야 한다.

아삭아삭한 감촉의 쿠키

10 쇼트브레드 쿠키
Short Bread Cookie

시험시간_ 2시간

요구사항

쇼트브레드 쿠키를 제조하여 제출하시오.

1) 배합표의 각 재료를 계량하여 재료별로 진열하시오.(9분)
2) 반죽은 수작업으로 하여 크림법으로 제조하시오.
3) 반죽온도는 20℃를 표준으로 하시오.
4) 제시한 정형기를 사용하여 두께 0.7~0.8cm, 지름 5~6cm (정형기에 따라 가감) 정도로 정형하시오.
5) 반죽은 전량을 사용하여 성형하시오.
6) 달걀노른자칠을 하여 무늬를 만드시오.
   달걀은 총 7개를 사용하며, 달걀 크기에 따라 감독위원이 가감하여 지정할 수 있다.
   ① 배합표 반죽용 4개(달걀 1개 + 노른자용 달걀 3개)
   ② 달걀노른자칠용 달걀 3개

- 반죽 제법 : 크림법, 수작업
- 반죽 온도 : 20±1℃
- 생산 수량 : 3철판

배합표

비율(%)	재료명	무게(g)
100	박력분	500
33	마가린	165
33	쇼트닝	165
35	설탕	175
1	소금	5
5	물엿	25
10	달걀	50
10	노른자	50
0.5	바닐라향	2.5(2)
227.5	계	1,137.5(1,137)

합격 Point

1) 밀어펴서 성형하는 쿠키반죽은 짤주머니로 짜는 반죽보다 크림화를 조금 덜 시켜주어도 된다.
2) 여러번 밀어 펼수록 글루텐이 발전하여 질겨지므로 정형기로 성형을 할 때 남은 반죽을 최소한으로 한다.
3) 휴지시에는 유지 사용량이 많기 때문에 유지를 굳히기 위해 냉장(동)고를 이용한다.
4) 반죽 위의 무늬내기는 깨끗하고 간단한 것이 좋다. (무늬의 선이 끊기지 않게)
5) 밀가루 혼합시 오버믹싱되지 않도록 주의하며, 굽기 시 밑불 조정에 주의한다.

RECIPE   재료계량 ➡ 반죽 ➡ 냉각휴지 ➡ 성형 ➡ 노른자칠 ➡ 무늬내기 ➡ 굽기 ➡ 냉각

01 스텐볼(중)에 마가린과 쇼트닝을 넣고 거품기로 부드럽게 풀어준 다음 설탕, 소금, 물엿을 넣고 크림상태로 만든다.

노른자를 먼저 투입한다.
02 노른자, 달걀을 조금씩 넣으면서 믹싱하여 부드러운 크림상태로 만든다.

흰가루가 안보일 때까지
03 체질한 박력분, 바닐라향을 나무주걱으로 가볍게 서서히 혼합한다.

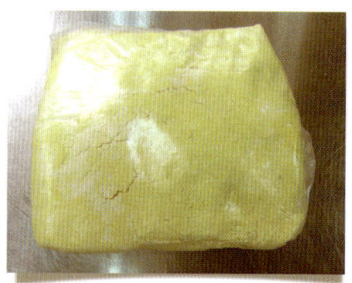
04 반죽온도(20℃)를 체크하고, 반죽을 비닐로 감싸서 냉동고에서 20~30분 정도 휴지시킨다.

05 반죽을 일정량씩 분할하여 덧가루를 뿌리면서 0.7~0.8cm 두께로 균일하게 밀어편다.

06 제시된 정형기를 사용하여 반죽을 찍어낸다.

07 정형한 반죽에 묻은 덧가루를 털어내고 평철판에 일정한 간격(2.5cm)으로 팬닝한다.

| 무늬내기 |

말풍선: 너무 마르면 노른자가 벗겨질 수 있다.

08 윗면에 분무를 하고 약간 건조기미가 있을 때 노른자(노른자는 체에 걸러서 사용)를 2회 정도 신속히 바르고 포크로 무늬내기를 한다.

| 굽기 |

09 윗불 180℃, 아랫불 140℃ 오븐에서 10분 정도 구워준다.

| 냉각 |

10 구운 즉시 틀에서 빼내서 식힌다.

10. 쇼트브레드 쿠키

 TIP

① **부피** : 적정한 퍼짐성을 갖고 부피감이 있어야 한다.
② **균형** : 성형 상태가 굽기 후에도 균일한 모양으로 균형이 잘 잡히고 대칭을 이뤄야 한다.
③ **껍질** : 표면은 밝은 갈색으로 적당한 색이 나와 먹음직스러워야 하며, 밑면도 구운 색이 들어야 한다..
④ **내상** : 거칠거나 조직이 단단하지 않고 익지 않은 부위가 없어야 한다.
⑤ **맛과 향** : 식감이 부드럽고 쇼트브레드 쿠키 특유의 맛과 쇼트니스를 지녀야 한다.

어린이 간식으로 딱~

11 슈
Choux á la Créme

 시험시간_ 2시간

요구사항

슈를 제조하여 제출하시오.

1) 배합표의 껍질 재료를 계량하여 재료별로 진열하시오.(5분)
2) 껍질 반죽은 수작업으로 하시오.
3) 반죽은 직경 3cm 전후의 원형으로 짜시오.
4) 커스터드 크림을 껍질에 넣어 제품을 완성하시오.
5) 반죽은 전량을 사용하여 성형하시오.

- 반죽 제법 : 슈반죽법, 수작업
- 반죽 성형 : 지름 3cm 원형
- 생산 수량 : 지름 5cm 양배추 모양, 4철판

배합표

비율(%)	재료명	무게(g)
125	물	250
100	버터	200
1	소금	2
100	중력분	200
200	달걀	400
526	계	1,052
500	커스터드 크림	1,000

※ 충전용 재료는 계량시간에서 제외

합격 Point

1) 굽기 초기에 오븐 문을 열면 제품이 부풀지 못하고 가라 앉으므로 슈껍질의 골격이 형성되기 전에 절대로 오븐 문을 열어서는 안된다.
2) 평철판에는 얇게 쇼트닝을 발라서 전처리를 하여 준다. 기름을 너무 많이 칠하면 슈껍질이 미끄러지고, 옆으로 퍼질 수 있다.
3) 오븐 초기에는 밑불을 강하게 하고 윗불을 약하게 해야 공기집의 팽창이 좋아지며, 색이 어느 정도 나기 시작하면 밑불을 약하게 하고 윗불로 굽는다.

RECIPE   재료계량 ➡ 반죽 ➡ 팬닝 ➡ 분무 ➡ 굽기 ➡ 냉각 ➡ 커스터드 크림 충전

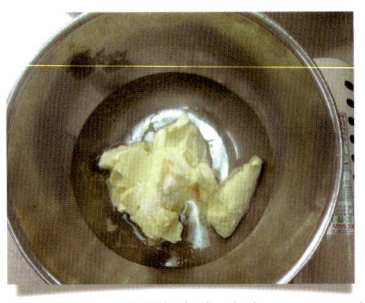

01 스텐볼(중)에 버터, 소금, 물을 넣고 충분히 끓인다.

윤기가 날때까지

02 체질한 중력분을 넣고 중불로 눌지 않도록 잘 저으면서 충분히 호화시킨다.

03 스텐볼(중)에 옮겨 담아 식힌 후 노른자를 먼저 투입하여 달걀을 서서히 혼합한다.

반죽이 흐를정도로 질어지면 팽창이 잘되지 않는다.

04 마지막에는 달걀 사용량을 잘 조절하여 반죽의 되기를 맞춘다.

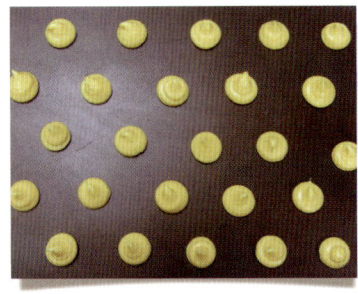

05 짤주머니에 지름 1cm의 둥근깍지를 사용하여 직경 3cm 정도 원형크기로 부피감있게 짜기를 한다. 4cm 간격으로 일정하게 팬닝한다.

물을 분무하는 것은 슈껍질 형성을 지연시켜 팽창과 터짐을 좋게 하기 위함이다.

06 반죽 표면이 완전히 젖도록 물을 분무한다.

07 윗불 180℃, 아랫불 190℃에서 15분간 구워 색이 나면 윗불 170℃, 아랫불 160℃, 5~10분 정도 구워준다.

08 구운 즉시 틀에서 빼내서 식힌다.

09 슈껍질의 밑바닥에 작은 구멍을 내거나 슈껍질의 2/3 높이 지점을 칼로 자른다.

10 충전용 커스터드 크림을 짤주머니에 담아 슈껍질에 충전한다.

합격 TIP

① **부피** : 팬닝량에 대하여 알맞은 부피감을 갖고 균일해야 한다.
② **균형** : 둥근 모양으로 대칭을 이루고 균형이 잘 잡혀야 한다.
③ **껍질** : 윗 껍질이 자연스럽게 부풀어 터지고, 전체적으로 밝은 갈색이 나와야 한다.
④ **내상** : 내부는 잘 익은 상태로 내부 공동이 생겨야 하고, 껍질 크기에 알맞은 양의 크림이 충전되어야 한다.
⑤ **맛과 향** : 바삭바삭한 껍질과 부드러운 크림이 잘 조화를 이루어 슈 특유의 맛과 향을 지녀야 한다.

비단처럼 부드러운 케이크

12 시퐁 케이크
(시퐁법) Chiffon Cake

시험시간_ 1시간 40분

요구사항

시폰 케이크(시폰법)를 제조하여 제출하시오.

1) 배합표의 각 재료를 계량하여 재료별로 진열하시오.(8분)
2) 반죽은 시폰법으로 제조하고 비중을 측정하시오.
3) 반죽온도는 23℃를 표준으로 하시오.
4) 반죽의 비중을 측정하시오.
5) 시폰팬을 사용하여 반죽을 분할하고 구우시오.
6) 반죽은 전량을 사용하여 성형하시오.

- 반죽 제법 : 시폰법
- 반죽 온도 : 23±1℃
- 반죽 비중 : 0.45±0.05
- 생산 수량 : 지름 18cm 시폰팬(2호) 4개

배합표

비율(%)	재료명	무게(g)
100	박력분	400
65	설탕(A)	260
65	설탕(B)	260
150	달걀	600
1.5	소금	6
2.5	베이킹파우더	10
40	식용유	160
30	물	120
454	계	1,816

합격 Point

1) 제품이 팬에서 잘 빠지게 하기 위해 주로 물이 담긴 분무기를 팬 내부에 뿌린 후, 팬을 뒤집어 놓아야 한다.
2) 설탕을 충분히 녹여주지 않으면 제품의 표면에 반점이 나타난다.
3) 식용유가 담긴 볼에 반죽의 일부를 넣고 잘 혼합한 후 본반죽에 넣어 혼합하면 식용유가 잘 섞인다.
4) 윗면이 찌그러지지 않게 하기 위해 뒤집어서 냉각시킨 후 꺼낸다.

RECIPE　　재료계량 ➡ 노른자 반죽 ➡ 머랭 만들기 ➡ 반죽 ➡ 팬닝 ➡ 굽기 ➡ 냉각

01 시퐁팬의 내부에 분무기로 물을 고르게 뿌린 다음 과잉의 물기가 빠지게 뒤집어 놓는다.

02 달걀을 난황과 난백으로 잘 분리한다. 그리고 믹싱볼에 난황을 넣고 거품기로 잘 풀어준다.

> 실온이 낮은 경우는 중탕 처리한다.

03 노른자용 설탕, 소금을 넣고 설탕이 녹을 정도로 섞어준다.

04 흰자를 넣고 60% 정도 거품을 올린 다음, 흰자용 설탕을 조금씩 넣으면서 계속 휘핑한다.

> 흰자를 휘핑할때 노른자, 기름기가 섞이면 거품이 나지 않는다.

05 중간피크(85~90%) 정도의 머랭을 만든다.

06 노른자 반죽에 40~60℃의 온수를 조금씩 넣으면서 섞일 정도까지 혼합한다.

07 40~60℃의 식용유에 반죽 일부를 잘 섞어서 본 반죽에 신속하게 혼합한다.

08 체질한 건조 재료(박력분, 베이킹파우더)를 넣고 나무주걱으로 가볍게 서서히 섞는다.

09 노른자 반죽에 머랭을 1/3 정도 넣고 나무주걱으로 섞는다.

10 나머지 머랭(2/3)을 2번으로 나눠서 거품이 꺼지지 않도록 가볍게 섞어 반죽을 완성한다.

11 반죽온도(23℃)와 반죽비중(0.45)을 체크한다.

12-1 생산수량 : 시퐁팬(2호)×4개 팬 부피의 60~70% 정도 담고 윗 부분의 큰 기포를 제거한다.

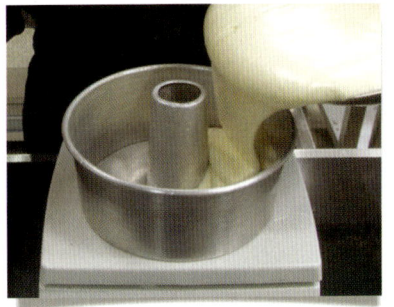

12-2 시퐁팬(2호)인 경우는 450g/개 정도 팬닝한 후 굽는다(180/150℃, 15분 → 150/150℃, 10분)

틀을 냉각시킬 때 젖은 행주 등을 뒷면에 올려두면 빨리 냉각된다.

13 윗면이 찌그러지지 않게 하기 위해서 굽기 후 뒤집어서 10분간 식힌다.

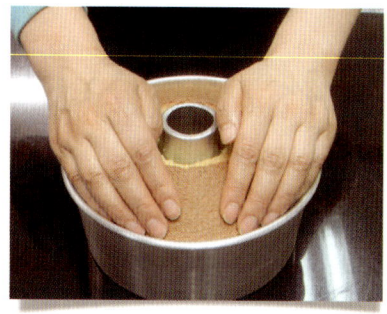 

14 케이크를 팬에서 꺼낸다. 충분히 식지 않은 상태에서 틀에서 분리하면 주저 앉거나 갈라질 수 있으므로 주의해야 한다.

15 팬 바닥 부분이 제품의 윗 부분이므로 뒤집지 말고 그대로 둔다.

합격 TIP

① **부피** : 적정한 부피감을 가지며 부풀어 오른 비율이 알맞아야 한다.
② **균형** : 어느 한쪽이 찌그러짐이 없이 윗면의 중앙이 대칭을 이루고, 균일한 모양으로 균형이 잘 잡혀야 한다.
③ **껍질** : 전체적으로 밝은 황금 갈색을 띠며 옆면, 밑면도 적절한 색이 나야 한다. 껍질이 얇고 부드러우며 표면에 반점과 기포자국이 남지 않아야 한다.
④ **내상** : 기공과 조직이 부위별로 균일하고, 너무 크거나 조밀하지 않으며 큰 기공이나 줄무늬가 없고 탄력성이 있으며 연한 미황색을 띠어야 한다.
⑤ **맛과 향** : 시퐁 케이크 고유의 풍미와 식감 이외의 끈적거림, 탄 냄새, 생재료 맛이 없어야 한다.

13 초코롤 케이크
달콤하고 부드러운
Chocolate Roll Cake

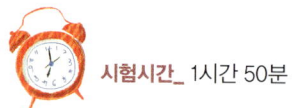
시험시간_ 1시간 50분

초코롤을 제조하여 제출하시오.

1) 배합표의 각 재료를 계량하여 재료별로 진열하시오.(7분)
2) 반죽은 공립법으로 제조하시오.
3) 반죽온도는 24℃를 표준으로 하시오.
4) 반죽의 비중을 측정하시오.
5) 제시한 철판에 알맞도록 팬닝하시오.
6) 반죽은 전량을 사용하시오.
7) 충전용 재료는 가나슈를 만들어 제품에 전량 사용하시오.
8) 시트를 구운 윗면에 가나슈를 바르고, 원형이 잘 유지되도록 말아 제품을 완성하시오.
   (반대 방향으로 롤을 말면 성형 및 제품평가 해당항목 감점)

- 반죽 제법 : 공립법
- 반죽 온도 : 24±1℃
- 반죽 비중 : 0.50±0.05
- 생산 수량 : 1철판(롤케이크 2개)

배합표

비율(%)	재료명	무게(g)
100	박력분	168
285	달걀	480
128	설탕	216
21	코코아파우더	36
1	베이킹소다	2
7	물	12
17	우유	30
559	계	944
119	다크커버츄어	200
119	생크림	200
12	럼	20

※ 충전용 재료는 계량시간에서 제외

합격 Point

1) 반죽의 휘핑 종점
   - 반죽을 주걱으로 들었다가 떨어뜨려서 리본 무늬가 남을 정도
   - 손으로 반죽을 긁었을 때 골이 잡혀 있을 정도
   - 손가락으로 찍어서 달라붙어 있는 정도 등
2) 팬닝 후 오븐에 들어가기 전 팬을 살짝 내려쳐 기포를 제거하고, 굽기 종료 후 오븐에서 꺼내 다시 살짝 내려쳐 준다. 그리고 팬에서 빨리 이형하면 시트의 수축을 방지할 수 있다.
3) 롤 케이크 시트가 완전히 냉각되기 전, 습기가 있을 때에 마는 것이 표면이 터지지 않아 좋다. 시트가 너무 뜨거울 때 말기를 하면 제품이 가라앉고 부피가 작아진다. 따라서 조금 식힌 다음 말기를 하고 신속하게 말아야 표면이 갈라지지 않는다.

RECIPE

재료계량 ➡ 반죽 ➡ 팬닝 ➡ 굽기 ➡ 냉각 ➡ 말기

01 박력분, 코코아파우더, 베이킹소다를 2번 이상 부드럽게 체질한다.

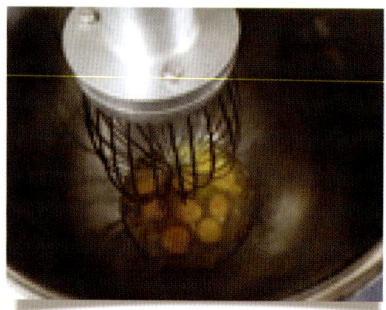

02 믹싱볼에 전란을 넣고 중속으로 풀어준 후 설탕, 소금을 넣고 미황색이 될 때까지 휘핑한다.

03 '과정 02'의 반죽을 스텐볼에 옮긴 후 앞서 체질한 가루(박력분, 코코아파우더, 베이킹소다)를 넣고 주걱으로 가볍게 섞는다.

04 40~60℃의 우유, 물을 넣고 가볍게 혼합하며 액체재료가 고루 섞였는지 반죽상태를 확인한 후 반죽온도(24℃)와 반죽비중(0.50)을 체크한다.

반죽온도 24℃

05 **팬닝하기** : 평철판(1장)에 위생지를 깔고 주걱으로 반죽을 모서리 방향으로 신속히 펼친 다음, 윗면을 편평하게 하고 윗부분의 큰 기포를 제거한다.

06 **굽기**
- 190/140℃, 10~15분
- 윗면 부분을 손끝으로 눌러보아 약간 탄력이 있으면 굽기를 완료한다.

| 충전물 만들기 |

07 다크커버츄어는 잘게 다진 후 스테인레스 볼에 생크림을 넣고 가스버너에 끓인다.

08 생크림이 끓으면 다크커버츄어를 넣고 용해시키고, 럼을 넣고 균일하게 섞은 후 미지근하게 식힌다.

13. 초코롤 케이크

표면에 터짐이 없고 내부에 구멍이 생기지 않도록 주의한다.

09 말기(누드말기)
- 가나슈는 요구사항을 준수하여 구운 시트의 윗면에 바르며, 충전물을 바를 때 반죽시트가 찢어지지 않도록 주의한다.
- 말기가 용이하도록 케이크 칼로 말기 시작하는 앞부분에 1cm 간격으로 칼집을 두 군데 내준다.

10 원형이 살 유지되도록 말아 제품을 완성한다.

11 완성된 제품은 위생지에 올려서 제출한다.

TIP

① **부피** : 말기를 한 제품이 적정한 부피감을 가지며 부풀어 오른 비율이 알맞아야 한다.
② **균형** : 어느 한쪽이 가늘거나 굵지 않고 윗면의 중앙이 좌우 대칭을 이루고, 균일한 모양으로 균형이 잘 잡혀야 한다.
③ **껍질** : 전체적으로 초코 파스텔 톤을 띠며 껍질이 얇고 부드러우며, 껍질이 일어나지 않고 표면이 갈라지거나 반점과 기포자국이 남지 않아야 한다.
④ **내상** : 기공과 조직이 전체적으로 고르며 부드러워야 하며 말은 상태가 너무 눌리거나 공동이 생기지 않아야 한다. 또한, 가나슈는 요구사항에 따라 반드시 구운 시트의 윗면에 바르고, 원형이 잘 유지되도록 말아야 한다.
⑤ **맛과 향** : 초코롤 케이크 특유의 맛과 향을 지니며 씹는 맛이 부드러워야 한다.

토핑에 따라 다양한

14 타르트
Tartes

 시험시간_ 2시간 20분

타르트를 제조하여 제출하시오.

1) 배합표의 반죽용 재료를 계량하여 재료별로 진열하시오.(5분)
   (충전물 · 토핑 등의 재료는 휴지시간을 활용하시오.)
2) 반죽은 크림법으로 제조하시오.
3) 반죽온도는 20℃를 표준으로 하시오.
4) 반죽은 냉장고에서 20~30분 정도 휴지를 주시오.
5) 두께 3mm 정도 밀어펴서 팬에 맞게 성형하시오.
6) 아몬드크림을 제조해서 팬(지름 10~12cm) 용적에 60~70% 정도 충전하시오.
7) 아몬드슬라이스를 윗면에 고르게 장식하시오.
8) 8개를 성형하시오.
9) 광택제로 제품을 완성하시오.

- 반죽 제법 : 크림법, 수작업
- 반죽 온도 : 20±1℃
- 반죽 성형 : 지름 10~12cm 원형팬
- 생산 수량 : 8개

반죽

비율(%)	재료명	무게(g)
100	박력분	400
25	달걀	100
26	설탕	104
40	버터	160
0.5	소금	2
191.5	계	766

충전물

비율(%)	재료명	무게(g)
100	아몬드분말	250
90	설탕	226
100	버터	250
65	달걀	162
12	브랜디	30
367	계	918

광택제 및 토핑

비율(%)	재료명	무게(g)
100	에프리코트혼당	150
40	물	60
140	계	210
66.6	아몬드슬라이스	100

※ 충전용, 광택제 및 토핑 재료는 계량시간에서 제외

합격 Point

1) 비스킷 반죽 : 깔개용 반죽 (파트아퐁세)
   - 껍질의 두께가 일정하고, 굽기 시 밑바닥 껍질이 구운 색이 나야한다.
   - 밀가루 혼합시 오버믹싱이 되지 않도록 주의한다.
   - 휴지시에 반죽을 비닐로 싸서 건조를 방지하고 냉장(동)고에 충분히 냉각휴지를 시켜야 유지가 굳어서 성형이 쉬워진다.
2) 성형시 냉각휴지한 반죽을 일정한 두께로 밀어편 후, 반죽과 팬 사이에 공기가 들어가지 않도록 주의한다. 포크로 바닥 부분에 구멍을 내어 공기를 빼서 들뜸 현상을 방지한다.
3) 아몬드크림은 지름 1cm 원형깍지를 끼운 짤주머니에 담아서 동심원 모양으로 짜기를 하여 두께가 일정하게 한다.
4) 광택제는 살구잼과 물을 혼합하고 충분히 끓여 잼 덩어리를 완전히 녹여서 사용한다.

RECIPE

재료계량 ➡ 반죽 ➡ 냉각휴지 ➡ 충전물 제조 ➡ 성형 및 팬닝 ➡ 굽기 ➡ 마무리

| 비스킷 반죽(깔개용) 만들기 |

01 버터를 중간 스텐볼에 넣고 거품기를 사용하여 부드럽게 풀어준다.

02 앞의 과정 1에 설탕, 소금을 넣고 중속으로 반죽하여 크림상태로 만든다.

03 달걀을 2~3회 나누어 조금씩 넣으면서 크림상태로 만든 후 체친 박력분을 투입하여 천천히 반죽하여 한 덩어리로 만든다.(반죽온도 20℃)

| 충전물(아몬드크림) 만들기 |

04 **냉각휴지** : 반죽을 비닐로 감싸서 냉장고에서 20~30분간 냉각휴지를 시킨다.

05 버터를 중간 스텐볼에 넣고 거품기를 사용하여 부드럽게 풀어준다.

06 '과정 05번'에 설탕을 넣고 믹싱한 후 크림상태로 만들고 달걀을 조금씩 풀어준다.

07 체친 아몬드분말을 섞고 반죽한 후 마지막으로 브랜디를 넣는다.

| 성형 및 팬닝 |

08
- 지름 10~12cm 원형팬에 쇼트닝을 얇게 바른다.
- 냉각휴지한 깔개용 비스킷 반죽을 적당한 크기로 잘라서 밀대로 3mm 두께로 일정하게 밀어편 후 팬 크기에 맞춰 팬(틀)에 깔고 포크로 구멍내기를 한다.

09 충전물(아몬드크림)을 둥근깍지를 끼운 짤주머니에 담아서 팬에 60~70% 정도(팬의 2/3높이) 짜넣는다.

10 윗면 장식 : 아몬드슬라이스를 보기 좋게 토핑한다.

| 굽기 및 마무리 |

11 굽기 : 180/160℃, 15분 → 160/150℃, 10~15분

12 마무리 : 식힌 후 제품의 표면에 에프리코트혼당과 물을 끓인 광택제를 골고루 발라준다.

 TIP

① **부피** : 충전물의 양이 알맞고 적정한 부피감을 가지며 부풀어 오른 비율이 알맞아야 한다.
② **균형** : 원반모양으로 대칭을 이루고, 찌그러짐이 없이 중앙이 좌우 대칭을 이루고, 균일한 모양으로 균형이 잘 잡혀야 한다.
③ **껍질** : 껍질이 얇고 부드러우며 전체적으로 황금 갈색을 띠며 먹음직스런 색이 나야 한다. 껍질 표면에 아몬드가 고루 분산되어 있고 반점이나 기포자국이 남지 않아야 한다.
④ **내상** : 기공과 조직이 부위별로 고르며 부드러워야 한다. 충전물의 양과 되기가 알맞고, 익지 않은 부위가 없어야 한다.
⑤ **맛과 향** : 비스킷 껍질과 아몬드크림의 맛과 식감이 잘 조화를 이루어야 하고 타르트 고유의 풍미와 식감 이외의 끈적거림, 탄 냄새, 생재료 맛이 없어야 한다.

15 젤리롤 케이크

달콤한 잼이 사르르~

Jelly Roll Cake

시험시간_ 1시간 30분

 **요구사항**

젤리롤 케이크를 제조하여 제출하시오.

1) 배합표의 각 재료를 계량하여 재료별로 진열하시오.(8분)
2) 반죽은 공립법으로 제조하시오.
3) 반죽온도는 23℃를 표준으로 하시오.
4) 반죽의 비중을 측정하시오.
5) 제시한 팬에 알맞도록 분할하시오.
6) 반죽은 전량을 사용하여 성형하시오.
7) 캐러멜 색소를 이용하여 무늬를 완성하시오.
   (무늬를 완성하지 않으면 제품 껍질 평가 0점 처리)

- 반죽 제법 : 공립법
- 반죽 온도 : 23±1℃
- 반죽 비중 : 0.50±0.05
- 생산 수량 : 1철판(롤케이크 2개)

배합표

비율(%)	재료명	무게(g)
100	박력분	400
130	설탕	520
170	달걀	680
2	소금	8
8	물엿	32
0.5	베이킹파우더	2
20	우유	80
1	바닐라향	4
431.5	계	1,726
50	잼	200

※ 충전용 재료는 계량시간에서 제외

합격 Point

1) 무늬용 반죽은 반죽의 일부 혹은 체에 걸른 노른자에 캐러멜 색소를 혼합하여 완성하고 색의 짙기를 짙은 밤색이 되도록 조절한다.
2) 무늬내기는 가능한 한 신속히 하며 무늬를 넣고 난 후 바닥에 철판을 치지 않아야 한다. 무늬의 간격은 되도록 좁게 하는 것이 보기에 좋다.
3) 롤 케이크를 말 때 표면이 터지지 않도록 하기 위해 완전히 냉각 전, 습기가 있을 때에 마는 것이 좋으나 시트가 너무 뜨거울 때 말기를 하면 제품이 가라앉고 부피가 작아진다. 따라서 조금 식힌 후 신속하게 말아야 표면이 갈라지지 않는다.

RECIPE

재료계량 ➡ 반죽 ➡ 팬닝 ➡ 무늬내기 ➡ 굽기 ➡ 냉각 ➡ 말기

01 전란을 넣고 믹싱볼에 잘 풀어준다.

02 설탕, 소금, 물엿을 넣고 중속으로 휘핑하다가 어느 정도 용해되면 중고속으로 충분히 휘핑한다.

> 실온이 낮은 경우 중탕기에 올려서 40℃ 정도의 온도에 맞춰 휘핑한다.

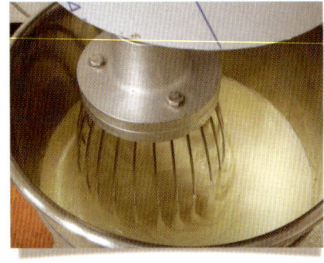

03 믹싱볼에서 휘퍼가 지나간 자국이 지워지지 않고 남는다거나 반죽이 부풀어 올라 미황색을 보일 때 휘핑을 종료한다.

04 반죽을 스텐볼(중)에 담아서 작업대에 올리고 체질한 건조 재료를 넣고 나무주걱으로 가볍게 서서히 섞는다. ▶ 박력분, 베이킹파우더, 바닐라향

05 40~60℃의 우유를 잘 혼합하여 덩어리가 생기지 않도록 반죽의 상태를 확인한 후 반죽온도(23℃)와 반죽비중(0.50)을 체크한다.

| 팬닝하기 |

06 평철판(1장)에 식품지를 깔고 주걱으로 반죽을 모서리 방향으로 신속히 펼친 다음, 윗면을 편평하게 고르면서 큰 기포를 제거한다.

| 무늬용 반죽 만들기 |

07 작은 그릇에 본 반죽을 조금 덜어내서 캐러멜 색소를 섞어 다소 짙은 색의 무늬용 반죽을 준비한다.

| 무늬내기 |

08 무늬용 반죽을 파이핑 튜브에 담아 1.5~2cm 간격을 유지하면서 반죽 표면의 2/3 정도에 가늘게 지그재그로 짠 다음, 90°방향을 틀어서 젓가락이나 나무꼬치 등으로 2/3 정도 깊이로 일정 간격으로 지그재그로 무늬를 낸다.

| 굽기 | 09 175/155℃, 15분 → 155/155℃, 10분
윗면 부분을 손끝으로 눌러보아 약간 탄력이 있거나, 나무꼬치로 찔러보아 반죽이 묻어나지 않으면 굽기 완료로 판단한다.

| 냉각하기 |

10 굽기가 완료되면 오븐에서 꺼낸 후 바로 팬에서 빼내서 냉각팬으로 옮겨서 냉각시킨다.

11 식품지에 붓으로 식용유를 적당히 발라서 말기시 껍질이 달라붙지 않도록 한다.

12 딸기잼은 필요 이상으로 많이 바르면 오히려 절단면에 잼이 흘러나와 상품성을 훼손할 수 있다.

13 말기가 용이하도록 하기 위하여 케이크칼로 말기 시작하는 앞 부분에 1cm 간격으로 칼집을 두 군데 정도 내 준다.

| 말기 |

> 말기를 할때 표면에 터짐이 없고 내부에 공동이 생기지 않도록 주의한다.

14 긴 밀대와 롤보자기를 사용하여 일정한 힘으로 말아준다.

합격 TIP

① **부피** : 말기를 한 제품이 적정한 부피감을 가지며 부풀어 오른 비율이 알맞아야 한다.

② **균형** : 어느 한쪽이 가늘거나 굵지 않고 윗면의 중앙이 좌우 대칭을 이루고, 균일한 모양으로 균형이 잘 잡혀야 한다.

③ **껍질** : 전체적으로 밝은 황금 갈색을 띠며 무늬 모양이 균일하고 선명해야 한다. 껍질이 얇고 부드러우며, 껍질이 일어나지 않고 표면이 갈라지거나 반점과 기포자국이 남지 않아야 한다.

④ **내상** : 기공과 조직이 부위별로 균일하며, 말은 상태가 너무 눌리거나 공동이 생기지 않아야 한다. 잼의 두께가 알맞고 밖으로 흐르지 않아야 하고, 연한 미황색의 내색상을 띠어야 한다.

⑤ **맛과 향** : 젤리롤 케이크 특유의 맛과 향을 지니며 씹는 맛이 부드러워야 한다. 잼을 너무 많이 발라 달거나 끈적거림, 탄 냄새, 생재료 맛이 없어야 한다.

촉촉하고 부드러운
16 초코머핀
(초코컵케이크) Choco Muffin

 시험시간_ 1시간 50분

초코머핀(초코컵케이크)을 제조하여 제출하시오.

1) 배합표의 각 재료를 계량하여 재료별로 진열하시오.(11분)
2) 반죽은 크림법으로 제조하시오.
3) 반죽온도는 24℃를 표준으로 하시오.
4) 초코칩은 제품의 내부에 골고루 분포되게 하시오.
5) 반죽분할은 주어진 팬에 알맞은 양으로 반죽을 패닝하시오.
6) 반죽은 전량을 사용하여 분할하시오.

- 반죽 제법 : 크림법
- 반죽 온도 : 24±1℃
- 생산 수량 : 머핀컵 22개

배합표

비율(%)	재료명	무게(g)
100	박력분	500
60	설탕	300
60	버터	300
60	달걀	300
1	소금	5(4)
0.4	베이킹소다	2
1.6	베이킹파우더	8
12	코코아파우더	60
35	물	175(174)
6	탈지분유	30
36	초코칩	180
372	계	1,860(1,858)

합격 Point

1) 버터와 설탕, 소금을 충분히 크림화하여 분리되지 않도록 한다.
2) 달걀 혼합시 노른자부터 투입하여 유화의 불안정으로 크림이 분리되지 않도록 주의한다.
3) 수분이 적기 때문에 각 재료의 혼합이 균일하도록 주의한다.
4) 반죽(혼합) 시 오버믹싱(overmixing)에 주의하며, 구울 때 언더베이킹에 주의한다.

RECIPE

재료계량 ➡ 반죽 ➡ 팬닝 ➡ 굽기 ➡ 냉각

01 버터를 믹싱볼에 넣고 부드럽게 풀어준다.

02 설탕, 식염을 넣고 반죽이 하얗게 될 때까지 충분히 크리밍한다. 믹싱 중에 주걱으로 볼기 벽을 긁어주며 설탕입자가 반 정도 녹을 때까지 크리밍한다.

> 충분히 크리밍해 주지 않으면 전란을 혼합할 때 분리되기 쉽다.

03 달걀을 3~4회로 나누어 넣으면서 중속~고속으로 반죽을 부드럽게 만든다.

> 난황을 먼저 넣고, 반죽과 충분히 섞이면 다시 나머지 달걀을 넣는 방식으로 나눠서 흡란한다.

04 중간 스텐볼에 반죽을 담아서 작업대에 올리고 체질한 건조재료(박력분, 베이킹파우더, 베이킹소다, 코코아파우더, 탈지분유)를 나무주걱으로 가볍게, 서서히 혼합한다.

05 물을 40~60℃로 가온하여 혼합한다.

06 초코칩을 섞고 반죽을 완료한다.(반죽온도 24℃)

> 초코칩을 1/2 넣고, 팬닝 후 1/2을 토핑하면 효과적이다.

07 팬닝하기
- 수량 : 머핀컵 약 22~24개
- 컵케이크 팬(혹은 머핀틀)의 내부에 유산지를 깔고 짤주머니와 지름 1~1.2cm 원형깍지를 사용하여 팬 부피의 60~70% 정도 반죽을 짜 넣는다.

08 굽기 : 175/155℃, 15분 → 색 → 150/150℃, 10~15분

09 냉각 : 굽기가 완료되면 오븐에서 꺼낸 후 바로 팬에서 빼내 평철판 위에서 냉각시킨다.

 TIP

① **부피** : 적정한 부피감을 가지며 부풀어 오른 비율이 알맞아야 한다.
② **균형** : 찌그러짐이 없이 중앙이 좌우 대칭을 이루고, 균일한 모양으로 균형이 잘 잡혀야 한다.
③ **껍질** : 껍질이 얇고 부드러우며 전체적으로 짙은 초콜릿색을 띠며 표면에 초코칩이 골고루 분산되어야 하며 표면에 반점과 기포 자국이 남지 않아야 한다.
④ **내상** : 기공과 조직이 부위별로 고르며 부드러워야 한다. 충전물이 가라앉는 부분이 없고 내부에 골고루 분포해야 하며, 익지 않은 부위가 없어야 한다.
⑤ **맛과 향** : 코코아와 초코칩의 풍미와 식감이 잘 조화를 이루어야 하고 초코머핀 고유의 맛과 식감 이외의 끈적거림, 탄 냄새, 생재료 맛이 없어야 한다.

촉촉한 속결이 그대로

17 파운드 케이크
Pound Cake

시험시간_ 2시간 30분

요구사항

파운드 케이크를 제조하여 제출하시오.
1) 배합표의 각 재료를 계량하여 재료별로 진열하시오.(9분)
2) 반죽은 크림법으로 제조하시오.
3) 반죽온도는 23℃를 표준으로 하시오.
4) 반죽의 비중을 측정하시오.
5) 윗면을 터뜨리는 제품을 만드시오.
6) 반죽은 전량을 사용하여 성형하시오.

반죽 제법 : 크림법
반죽 온도 : 23±1℃
반죽 비중 : 0.80±0.05
생산 수량 : 사각 신파운드팬 4개

배합표

비율(%)	재료명	무게(g)
100	박력분	800
80	설탕	640
80	버터	640
2	유화제	16
1	소금	8
2	탈지분유	16
0.5	바닐라향	4
2	베이킹파우더	16
80	달걀	640
347.5	계	2,780

합격 Point

1) 설탕이 제대로 녹지 않으면 완제품의 윗면에 반점이 나타나므로 완전히 녹인다.
2) 물과 건조재료를 너무 과도하게 혼합하면 기포가 빠지고 비중이 높아지므로 가볍게 섞는다.
3) 윗면을 터뜨릴 때 양끝은 0.5cm 정도 남겨두고 스패출러에 식용유를 묻혀 사용한다.

RECIPE
재료계량 ➡ 반죽 ➡ 팬닝 ➡ 굽기 ➡ 냉각

01 버터를 믹싱볼에 넣고 중고속으로 부드럽게 풀어준다.

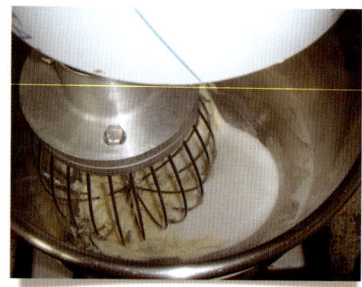

02 설탕, 소금, 유화제를 투입하고 반죽이 하얗게 될 때까지 고속으로 충분히 크리밍한다.

> 충분히 크리밍해 주지 않으면 전란을 혼합할때 분리되기 쉽다.

03 믹싱 도중에 주걱으로 볼 기벽을 긁어주며, 설탕입자가 반 정도 녹을 때까지 크리밍한다.

> 난황을 먼저 투입하고, 반죽과 충분히 섞이면 다시 나머지 달걀을 투입하는 방식으로 분할하여 투입한다.

04 달걀을 3~4회로 나누어서 넣으면서 중속~고속으로 흡란한다.

05 반죽을 스텐볼(중)에 담아서 작업대에 올리고 체질한 건조 재료(박력분, 탈지분유, 베이킹파우더, 바닐라향)를 나무주걱으로 가볍게, 서서히 혼합하여 덩어리가 남지 않도록 잘 섞는다.

06 40~60℃의 물을 조금씩 저속 혹은 중속으로 혼합한 후 반죽온도(23℃)와 반죽비중(0.80)을 체크한다.

| 팬닝하기 |

07
- 수량 : 신파운드팬×4개
- 분할중량 : 1050g씩/개(팬무게 포함, 팬부피의 70% 정도 팬닝한다.)

08 거칠고 큰 기포를 제거하고, 윗면의 중앙을 좀 깊게 파면서(U자 모양) 표면을 매끈하게 고른다.

| 굽기 |

09 평철판 중앙에 식빵팬 2개를 뒤집어 놓고 사방으로 반죽이 채워진 신파운드팬을 배치한다.

10 175/180℃, 15분 → 185/185℃, 10분 → 170/160℃, 10~15분
- 15분 정도 구운 후 윗면에 색과 껍질이 형성되면 팬을 오븐에서 꺼내서, 칼이나 스패츌러를 식용유에 묻혀 윗면 터뜨리기를 한다.
- 윗면 정중앙 부분을 손 끝으로 눌러 보아 약간 탄력이 있거나, 나무꼬치로 찔러보아 반죽이 묻어나지 않으면 굽기 완료로 판단한다.

| 마무리하기 |

11 오븐에서 나오자마자 팬에서 빼내서 냉각팬 위에 올린다.

합격 TIP

① **부피** : 적정한 부피감을 가지며 부풀어 오른 비율이 알맞아야 한다.

② **균형** : 찌그러짐이 없이 터뜨린 윗면의 중앙이 대칭을 이루고, 균일한 모양으로 균형이 잘 잡혀야 한다.

③ **껍질** : 전체적으로 밝은 황금 갈색으로, 터진 부분은 미황색이나 약간 갈색을 띠며 껍질이 얇고 부드러워야 한다. 표면에 반점과 기포자국이 남지 않아야 한다.

④ **내상** : 기공과 조직이 부위별로 균일하며 밝은 미황색을 띠어야 한다.

⑤ **맛과 향** : 파운드케이크 고유의 풍미와 식감 이외의 끈적거림, 탄 냄새, 생재료 맛이 없어야 한다.

커피와 잘 어울리는

18 브라우니
Brownies

시험시간_ 1시간 50분

요구사항

브라우니를 제조하여 제출하시오.

1) 배합표의 각 재료를 계량하여 재료별로 진열하시오.(9분)
2) 브라우니는 수작업으로 반죽하시오.
3) 버터와 초콜릿을 함께 녹여서 넣는 1단계 변형 반죽법으로 하시오.
4) 반죽온도는 27℃를 표준으로 하시오.
5) 반죽은 전량을 사용하여 성형하시오.
6) 3호 원형팬 2개에 패닝하시오.
7) 호두의 반은 반죽에 사용하고 나머지 반은 토핑하며, 반죽속과 윗면에 골고루 분포되게 하시오. (호두는 구워서 사용)

- 반죽 제법 : 1단계법(변형), 수작업
- 반죽 온도 : 27±1℃
- 생산 수량 : 지름 21cm, 원형케이크팬(3호) 2개

배합표

비율(%)	재료명	무게(g)
100	중력분	300
120	달걀	360
130	설탕	390
2	소금	6
50	버터	150
150	다크초콜릿(커버춰)	450
10	코코아파우더	30
2	바닐라 향	6
50	호두	150
614	계	1,842

합격 Point

1) 반죽(혼합)시 오버믹싱(over-mixing)되지 않도록 주의하며 각 재료의 혼합이 균일하고, 견과류가 밑으로 가라앉지 않도록 한다.
2) 다크초콜릿은 50℃ 정도로, 버터는 60℃ 정도로 각각 중탕하여 녹이며 호두는 미리 구워서 사용한다.
3) 초콜릿과 코코아파우더가 많이 배합되어 색이 짙으므로 굽기시 완전히 익지 않은 상태에서 꺼내기 쉬우므로 언더베이킹에 주의한다.

RECIPE 재료계량 ➡ 반죽(수작업) ➡ 팬닝 ➡ 토핑 ➡ 굽기 ➡ 냉각

01 **재료의 전처리**
- 잘게 다진 다크초콜릿과 버터를 50~60℃ 정도의 중탕으로 나무주걱을 사용하여 녹인다.
- 호두는 살짝 구워준다.

02 달걀에 설탕과 소금을 넣고 풀어준다.

03 중탕으로 녹인 초콜릿, 버터와 앞서 풀어 둔 달걀을 섞어 고르게 혼합한다.

04 과정 03에 건조재료(중력분, 코코아파우더, 바닐라 향)를 체질하여 혼합한다.

05 미리 구워서 다진 호두분태를 1/2 정도 혼합하고 반죽을 완성하고 반죽온도(27℃)를 확인한다.

06 **팬닝과 토핑**
- 수량 : 지름 21cm 원형케이크팬(3호)×2개
- 분할중량 : 팬 부피의 50% 정도
- 팬의 옆면에 까는 위생지는 팬의 높이와 같거나 조금 더 올라오게 재단한다.
- 토핑 : 나머지 호두분태를 윗면에 골고루 뿌려준다.

07 굽기 :
- 170/155℃, 20분 → 160/150℃, 25분
- 윗면 중앙부분을 손끝으로 눌러보아 탄력이 있거나, 나무꼬치로 찔러보아 반죽이 묻어나지 않으면 굽기 완료로 판단한다.

08 냉각 : 굽기가 완료되면 냉각팬으로 옮겨서 냉각하고 완제품을 정리하여 제출한다.

 TIP

① **부피** : 적정한 부피감을 가지며 부풀어 오른 비율이 알맞아야 한다.
② **균형** : 찌그러짐이 없이 중앙이 좌우 대칭을 이루고, 균형이 잘 잡혀야 한다.
③ **껍질** : 껍질이 얇고 부드러우며 전체적으로 짙은 초콜릿색을 띤다. 표면에 호두 분태가 골고루 분산되어야 하고 표면에 반점과 기포 자국이 남지 않아야 한다.
④ **내상** : 기공과 조직이 부위별로 고르고 부드러워야 하며 내색상은 초콜릿색이 나되 줄무늬가 없고 초콜릿이 뭉쳐있지 않으며 익지 않은 부위가 없어야 한다.
⑤ **맛과 향** : 코코아와 초콜릿 그리고 호두 분태의 풍미와 식감이 잘 조화를 이루어야 하고, 브라우니 고유의 맛과 식감 이외의 끈적거림, 탄 냄새, 생재료 맛이 없어야 한다.

부드럽고 달지 않은
19 치즈케이크
Cheese Cake

시험시간_ 2시간 30분

요구사항

치즈 케이크를 제조하여 제출하시오.

1) 배합표의 각 재료를 계량하여 재료별로 진열하시오.(9분)
2) 반죽은 별립법으로 제조하시오.
3) 반죽온도는 20°C를 표준으로 하시오.
4) 반죽의 비중을 측정하시오.
5) 제시한 팬에 알맞도록 분할하시오.
6) 굽기는 중탕으로 하시오.
7) 반죽은 전량을 사용하시오.

- 반죽 제법 : 별립법
- 반죽 온도 : 20±1°C
- 반죽 비중 : 0.70±0.05
- 생산 수량 : 윗지름 7.5cm 높이 4cm 20개

배합표

비율(%)	재료명	무게(g)
100	중력분	80
100	버터	80
100	설탕(A)	80
100	설탕(B)	80
300	달걀	240
500	크림치즈	400
162.5	우유	130
12.5	럼주	10
25	레몬주스	20
1,400	계	1,120

합격 Point

1) 별립법에서는 머랭 제조가 중요하다. 중간 피크의 윤기가 나고 튼튼한 머랭을 만들어야 반죽과 잘 섞이고 제품의 속결도 좋다.
2) 크림치즈나 버터가 단단해지면 반죽이 거칠어지고 반죽의 비중이 균일하지 못해서 부드러운 제품이 만들어지지 않는다.
3) 철판에 물을 부을 때 평철판 높이의 약 1/2 이상이 되도록 물을 붓고, 물 위에 팬이 뜨지 않도록 한다.
4) 굽는 도중 색이 나면 윗불을 낮춰주고, 중간 중간에 오븐 문을 개방하여 수증기를 배출시켜준다.

RECIPE 재료계량 ➡ 반죽 ➡ 머랭 만들기 ➡ 팬닝 ➡ 굽기 ➡ 냉각

01 건조 재료(중력분)를 체질하고, 전란을 난황과 난백으로 잘 분리한다. 그리고 버터와 크림치즈를 믹싱볼에 넣고 거품기로 부드러운 상태로 잘 섞이도록 풀어준다.

02 난황과 설탕을 혼합한다.

03 체질한 중력분과 우유를 넣고 균일하게 잘 섞어준다.

04 럼주와 레몬주스를 차례로 섞어준다.

05 머랭 만들기
- 난백을 넣고 60% 정도 거품을 올린 다음, 흰자용 설탕을 조금씩 넣으면서 계속 휘핑하여 중간피크(85~90%) 정도의 머랭을 만든다.
- 흰자를 휘핑할 때 노른자, 기름기가 섞이면 거품이 일지 않는다.

06 과정 04의 반죽에 머랭을 1/3 정도 넣고 나무주걱으로 섞는다.

07 나머지 머랭(2/3)을 두 번으로 나눠서 거품이 꺼지지 않도록 가볍게 섞어 반죽을 완성한다.

08 반죽 온도(20℃)와 반죽 비중(0.70)을 체크한다.

09 팬닝하기
- 수량 : 윗지름 7.5cm 높이 4cm 크기 20개
- 팬에 버터를 얇게 바르고 짤주머니와 원형깍지로 팬 반죽을 60~70% 정도 되도록 반죽을 담는다.
- 팬에 반죽을 넣은 후 큰 공기 방울이 빠져 나가도록 팬을 작업대 위에 한두 번 툭툭 진동을 준다.

10 중탕굽기(윗불/아랫불)
- 200/150℃, 30분 → 150/150℃, 20~30분
- 색이 나면 윗불을 낮춰주고 굽는 중간에 문을 열어 수증기를 배출시킨다.
- 구워진 상태를 손으로 가운데를 눌러서 확인한다.

11 냉각 : 오븐에서 꺼낸 후 바로 팬에서 빼내서 냉각팬으로 옮겨서 냉각시킨다.

TIP
① **부피** : 적정한 부피감을 가지며 부풀어 오른 비율이 알맞아야 한다.
② **균형** : 어느 한쪽이 찌그러짐이 없이 윗면의 중앙이 좌우 대칭을 이루고, 균일한 모양으로 균형이 잘 잡혀야 한다.
③ **껍질** : 전체적으로 밝은 황금 갈색을 띠며 적절한 색이 나야 한다. 껍질이 얇고 부드러우며 표면에 반점과 기포가 자국이 남지 않아야 한다.
④ **내상** : 기공과 조직이 부위별로 균일하며, 너무 크거나 조밀하지 않으며 큰 기공이나 줄무늬 없는 특유의 조직감을 보이고 연한 미황색을 띠어야 한다.
⑤ **맛과 향** : 치즈케이크 특유의 맛과 향을 지니며 씹는 맛이 가볍고 부드럽다. 치즈케이크 고유의 풍미와 식감 이외의 끈적거림, 탄 냄새, 생재료 맛이 없어야 한다.

거칠지만 독특한 식감의
20 호두파이
Walnut Pie

시험시간_ 2시간 30분

요구사항

* **호두파이를 제조하여 제출하시오.**
  1) 껍질 재료를 계량하여 재료별로 진열하시오.(7분)
  2) 껍질에 결이 있는 제품으로 제조하시오. (손 반죽으로 하시오.)
  3) 껍질 휴지는 냉장온도에서 실시하시오.
  4) 충전물은 개인별로 각자 제조하시오. (호두는 구워서 사용)
  5) 구운 후 충전물의 층이 선명하도록 제조하시오.
  6) 제시한 팬 7개에 맞는 껍질을 제조하시오.
     (팬 크기가 다를 경우 크기에 따라 가감)
  7) 반죽은 전량을 사용하여 성형하시오.

- 반죽 제법 : 섞는 파이 – 손 반죽
- 반죽 온도 : 20±1℃
- 생산 수량 : 윗지름 13.5cm팬 (1호) 7개

배합표

껍질

비율(%)	재료명	무게(g)
100	중력분	400
10	노른자	40
1.5	소금	6
3	설탕	12
12	생크림	48
40	버터	160
25	물	100
191.5	계	766

충전물

비율(%)	재료명	무게(g)
100	호두	250
100	설탕	250
100	물엿	250
1	계피가루	2.5(2)
40	물	100
240	달걀	600
581	계	1,452.5(1,452)

※ 충전용 재료는 계량시간에서 제외

합격 Point

1) 반죽을 정형한 이후에 냉장고에서 15~20분 정도 재우기를 하면 크러스트가 바삭하고 부드러워진다.
2) 충전물 제조시 물엿과 계피가루를 미리 섞어서 투입하면 계피가루가 잘 분산된다.

RECIPE

재료계량 ➡ 파이껍질 만들기 ➡ 충전물 만들기 ➡ 성형 및 팬닝 ➡ 굽기 ➡ 냉각

| 파이껍질 만들기(수작업) |

01 껍질 만들기 : 체를 친 가루와 버터를 작업대 바닥에 올려놓고, 스크레이퍼 2개를 사용해서 버터를 크기가 콩알(팥알) 크기 정도로 될 때까지 다져준다.

02 분산된 재료로 우물 모양을 만들어서 설탕, 소금을 녹인 냉수와 노른자, 생크림을 중앙 부위에 흘려 넣고 반죽을 가운데로 모아주며 섞는다.

03 반죽을 한 덩어리로 만든 후, 건조 방지를 위해서 반죽을 비닐에 싸서 손바닥으로 눌러준다.

04 냉각 휴지
- 냉장고, 20~30분
- 휴지가 진행되는 동안 파이팬에 버터를 살짝 발라준다.

| 충전물 만들기(수작업) |

05 호두분태는 미리 오븐에서 전처리한다.

06 물엿과 계피가루를 미리 섞은 것에 달걀, 물, 설탕을 거품기로 혼합하여 설탕을 모두 녹여준다. 그리고 고운 체에 거른 후 충전물 위에 종이를 덮고 10분 정도 재운 후 종이를 제거한다.

| 성형 및 팬닝 |

07 분할 : 생산 수량대로 일정량 균등하게 소분할을 하고 전처리한 팬의 사이즈에 맞춰서 0.3cm 두께로 밀어편다.

08 반죽을 팬에 깔고, 자투리가 거의 남지 않도록 하고 남는 부위는 적절히 잘라낸다.

09 포크 등을 사용해서 바닥에 구멍을 뚫어 주어 바닥 껍질이 들뜨는 것을 방지한다.

10 **충전물 채우기** : 전처리한 호두분태를 팬에 일정량(35g)씩 깔고 충전물을 80% 정도 채워준다.

| 굽기 및 냉각 |

11 굽기(윗불/아랫불)
190/180℃, 15분 →
180/170℃, 15분

12 냉각
오븐에서 꺼낸 후 바로 팬에서 빼내서 냉각팬으로 옮겨 냉각시킨다.

합격 TIP

① **부피** : 충전물의 양이 알맞고 적정한 부피감이 있으며 부풀어 오른 비율이 알맞아야 한다.

② **균형** : 원반 모양으로 대칭을 이루고 균일한 모양으로 균형이 잘 잡혀야 한다.

③ **껍질** : 결이 생기고 충전물이 외부로 넘치지 않아야 하며 먹음직스러운 색이 나야 한다. 껍질과 바닥면에 전반적인 구운 색감이 돌아야 한다.

④ **내상** : 조직이 부위별로 균일하며 충전물의 양이 알맞고 익지 않은 부위가 없어야 한다.

⑤ **맛과 향** : 파이껍질의 식감과 충전물의 맛이 잘 조화를 이루어 호두파이 특유의 맛과 향을 지녀야 한다. 호두파이 고유의 맛과 향 이외의 텁텁한 맛, 느끼한 맛, 탄 냄새, 생재료 맛이 없어야 한다.

Baking Craftsman
Required Subject
Recipe

제빵기능사 실기 20과제

- 단과자빵(트위스트형)
- 쌀식빵
- 모카빵
- 밤식빵
- 버터롤
- 버터톱 식빵
- 빵도넛
- 단과자빵(소보로빵)
- 스위트 롤
- 식빵(비상스트레이트법)
- 옥수수 식빵
- 우유 식빵
- 그리시니
- 단과자빵(크림빵)
- 단팥빵(비상스트레이트법)
- 풀만 식빵
- 소시지빵
- 베이글
- 통밀빵
- 호밀빵

제빵이론
BakingBasic

빵을 만드는 제법에는 여러 가지가 있으나 그 중 가장 많이 이용되는 방법은 스트레이트법이며 이외에 스펀지법, 비상 스트레이트법 등이 있다. 각각의 제법에는 근본적으로 큰 차이점이 없으나 제법에 따라 최종 제품의 노화 정도 및 맛·향·공정시간과 작업성이 달라질 수는 있다.

Note : 스트레이트법
스트레이트법(Straight Dough Method)은 모든 재료를 한번에 믹싱볼에 넣어 혼합하는 제법으로 가장 많이 사용된다.

계량
Weighting Ingredients

작업의 첫 공정으로 모든 재료를 빠짐없이 저울로 무게를 잰다. 특히, 개량제 등 소량의 재료는 정확하게 계량한다.

▶ 계량법 : 먼저 그릇의 무게를 측정한 후 저울의 영점을 맞추고 계량한다. 이 때 물은 온도를 측정한 후 계량한다. 계량을 마치면 감독위원이 계량의 정확도를 확인한다.

믹싱
Mixing

믹싱이란 밀가루, 이스트, 소금, 그 밖의 재료에 물을 혼합하여 결합시켜 글루텐을 만들어 탄산가스를 보호하는 막을 형성하는 과정을 말한다. 믹싱에 의한 반죽의 숙성과정은 크게 6단계로 다음과 같다.

Note : 반죽을 만드는 목적
- 재료를 균일하게 분산하고 혼합한다.
- 밀가루를 수화(水和)시켜 글루텐을 생성한다.
- 반죽에 공기를 혼입시켜 이스트의 활력을 증진시킨다.
- 글루텐을 숙성시켜 반죽의 탄력성, 점성, 신장성, 유용성을 최적의 상태로 만든다.

① 픽업 단계 (Pick Up Stage) - 저속
- 밀가루와 원재료에 물을 첨가한 초기 혼합 단계이다.
- 반죽이 끈기가 없이 끈적거리는 상태이다.

② 클립업 단계 (Clean Up Stage) - 중속
- 글루텐이 형성되기 시작하는 단계로 이 시기 이후에 유지를 넣으면 믹싱시간이 단축된다.
- 반죽이 한덩어리가 되고 믹싱볼이 깨끗해진다.
- 글루텐의 결합이 적고 반죽을 펼쳐도 두꺼운 상태로 끊어진다.
- 클린업 단계는 끈기가 생기는 단계로 흡수율을 높이기 위하여 이 시기 이후에 소금을 넣는다.

③ 발전 단계 (Development Stage) - 고속
- 반죽 시간이 8~9분 정도 지난 후 글루텐이 발전되는 단계로 탄력성 및 신장성이 좋아지고 반죽이 강하고 단단해지는 단계이다.

④ 최종 단계 (Final Stage) - 중속
- 글루텐발전이 절정에 달하는 마지막 단계로 특별한 종류를 제외하고 이 단계가 빵 반죽에서 최적의 상태이다.
- 반죽을 펼치면 찢어지지 않고 얇게 늘어난다.
- 반죽이 부드럽고 윤이 나고 탄력성과 신장성이 가장 좋다.
- 반죽을 양손으로 펼쳐 볼 때 기포가 형성되며, 반투명 상태로 나타난다.

Note : 제빵 시 적당한 반죽온도
- 스트레이트법 : 27℃
- 표준스펀지법 : 24℃
- 냉동반죽법 : 20℃
- 비상스트레이트법 : 30℃

⑤ **렛 다운 단계** (Let Down Stage)
- 최종 단계를 지나 생지가 탄력성을 잃으며 신장성이 커져 고무줄처럼 늘어지며 점성이 많아진다.
- 오버 믹싱(Overmixing)이라고 한다.
- 잉글리쉬 머핀, 햄버거, 비상식빵 등은 이 단계에서 마무리한다.

⑥ **브레이크 다운 단계** (Brake Down Stage)
- 글루텐이 더 이상 결합하지 못하고 끊기기만 하는 단계로 파괴단계라고 한다.

1차발효 Fermentation

효모·효소작용에 의한 생물학적 반응을 말한다. 그 주된 반응으로는 탄산가스와 알코올 생성으로 반죽의 용적 증대, 유기산, 무기산의 생성으로 pH 저하, 발열 현상 등을 들 수 있으며, 완제품의 부피를 좋게 하기 위해서 발효 중 가스빼기를 한다.
또한 제빵의 전체 공정을 볼 때 가장 중요한 부분이다. 그러므로 발효점을 정확하게 체크해야 한다.
① 반죽을 손가락으로 눌러본다.
  - 과 발효시 : 누른 자국이 커진다.
  - 미 발효시 : 누른 자국이 작아진다.
  - 정상 발효시 : 누른 자국이 그대로 있다.
② 본래 부피의 3~3.5배 정도일 때 부피가 적당하다.
③ 발효된 반죽의 표피 부분을 찢어 손가락으로 펼쳐 볼 때 가벼운 망상구조(섬유질) 형태를 이룬다.

▶ 발효과정에 발효당의 소모가 많으면 잔존당이 적으므로 완제품 표면이 갈라지며 노화가 빠르다.
▶ 가스빼기(펀치) : 1차발효가 2/3정도 진행되었을 때 가스를 빼 주는 것으로 오븐 스프링이 좋아 부피가 커진다. 가스빼기 방법으로 반죽의 안, 밖의 위치를 바꾸어 온도를 균일하게 하며 생지의 산소 공급을 하여 숙성이 잘 되게 하며 불란서빵, 하드롤의 저율 배합에서 많이 활용한다.

분할 Dividng(Scaling)

반죽에 손상이 적게 가도록 빠른 시간(10~15분)에 분할한다.

둥글리기 Rounding

분할된 반죽을 둥글리기 하여 표면을 매끄럽게 하는 작업으로 내상을 균일하게 하며, 다음 작업을 편하게 한다. 특히, 표면이 찢기지 않도록 주의하며 과다한 덧가루 사용은 완제품의 내상에 줄무늬가 생기므로 적당량을 사용해야 한다. 한편 분할한 반죽은 둥글리기를 하는데 이 과정은 이완된 글루텐 조직에 쇼크를 주어 긴장력을 되찾게 하고 항장력(抗張力)을 강화시켜 반죽 표면을 매끄럽게 하고 탄력을 되찾게 해준다.
그리고 분할과 둥글리기는 연속적으로 신속히 진행해 종료시켜야 한다. 시간이 너무 걸리면 반죽의 온도가 저하되거나 발효가 과다해진다.

중간발효
Intermediate Proof

둥글리기한 반죽은 탄력이 생겨 성형을 하기 전에 휴지가 필요하다. 휴지시키는 시간을 중간발효(벤치타임)라고 한다. 중간발효는 빵의 종류에 따라 다르고 같은 빵이라도 믹싱이나 가스빼기, 둥글리기의 강도 등에 따라 달라진다. 일반적으로 소형 빵은 15분, 대형 빵이나 탄력이 강한 것은 20~30분 정도 휴지시킨다. 휴지시키는 장소는 온도 변화가 적은 발효실이나 작업대 위가 좋고 반죽 표면이 건조해지지 않도록 한다. 중간발효를 거친 반죽은 계속 발효를 해 다시 신장성을 회복한다.

성형
Molding

성형은 빵의 모양을 만드는 일이다. 반죽의 힘을 추측해 가면서 성형의 강약을 조절한다. 성형의 강약에 따라 발효시간이 좌우되기도 하고 굽기시 팽창력에 영향을 미치기도 한다. 성형을 너무 세게 하면 빵 반죽에 무리가 가서 반죽이 끊어지는 현상이 일어나거나 신장성이 부족해 반죽이 파열될 수도 있다.
또 성형이 약하면 발효력을 포괄하는 반죽의 힘이 부족해 부피감이 부족한 빵이 되기도 한다. 따라서 반죽의 힘이 부족하다고 느끼면 성형을 약간 강하게 하고, 반죽의 힘이 강할 경우는 부드럽게 취급한다. 이 때 반죽의 결이 거칠어지지 않도록 주의한다. 기본적인 성형은 둥근 것과 막대모양이 있다.

팬닝
Fanning

성형한 제품의 이음새를 바닥 아래로 향하게 하고 팬 오일은 발연점이 높은 오일을 사용해야 한다. 과다한 팬 오일 사용은 완제품 밑부분 색깔을 진하게 하면서 두꺼운 껍질을 형성하기 때문에 좋지 않다. 특히, 팬 사용 제품은 반죽을 균일한 힘을 주면서 눌러 주어야 하고 하스 브레드와 같이 저율 배합은 이음새 부분을 붙여 주어야 한다.

2차발효
Final Proof

마지막 발효과정으로 제품이 마르지 않고 성형된 형태를 유지 할 수 있도록 적당한 온도 35~45℃, 습도 85~95%에 알맞게 해 주어야 한다. 일반적으로 발효실은 위·아래 부분의 온도, 습도 편차가 발생할 수 있는데, 특히, 아랫 부분은 온도가 높고 윗부분은 낮기 때문에 팬의 온도와 습도를 순환시켜서 제품이 마르지 않도록 해야 한다.

굽기
Baking

발효를 종료한 반죽을 오븐에 넣으면 반죽 온도가 상승하면서 반죽이 팽창하고 얼마 안 있어 아주 옅게 색이 나기 시작한다. 그리고 시간이 경과함에 따라 짙어져, 전체가 황금색이 되는데 이 시점에서 굽기가 완성된다. 빵의 향을 좌우하는 부분은 빵 껍질이므로 저배합 반죽을 구울 때에는 약간 진하게 굽고 부재료가 풍부한 소프트계의 빵은 약간 옅게 굽는다. 호밀이 혼합된 빵은 밀가루 특유의 향을 내기 위해 짙은 색의 크러스트로 만드는 것이 좋다.

합격 포인트

1) **배합표 제시** : 제한시간을 꼭 지킨다
2) **재료 계량** : 제한시간을 꼭 지킨다. 각 재료를 정확히 계량해 진열대 위에 따로따로 늘어놓는다(계량대, 재료대, 통로에 재료를 흘리지 않도록 조심한다).
3) **반죽만들기** : 요구사항에서 제시한 방법에 따라 반죽한다.
4) **1차발효** : 각 제품의 특성에 알맞은 조건에서 발효시킨다.
5) **분할하기** : 요구사항에서 제시한 만큼 분할한다(가능한한 빨리 분할하고, 대강의 무게를 어림해 한 두번의 가감으로 마무리 짓는다).
6) **둥글리기** : 반죽 표면이 매끄럽도록 둥글린다.
7) **중간발효** : 10~20분간 발효시킨다. 그 동안 표면이 마르지 않도록 한다.
8) **성형** : 반죽을 대칭으로 단단하게 말고, 표면을 매끄럽게 다듬는다.
9) **팬닝** : 틀이나 철판에 기름을 칠한다. 성형 반죽의 이음매가 틀 바닥에 닿도록 하고 일정한 간격을 두고 늘어놓는다.
10) **2차발효** : 각 제품의 특성에 알맞는 조건에서 발효시킨다. 반죽의 가스 보유력이 최대인 상태에서 그친다.
11) **굽기** : 오븐의 위치에 따라 온도차가 생기므로 제때에 팬의 자리를 바꾼다. 전체적으로 고루 잘 익고 껍질색이 황금갈색을 띄도록 온도와 시간을 관리한다.
12) **뒷정리, 개인위생** : 한 번 쓴 기구와 작업대는 물론 주위를 깨끗이 치우고 청소한다. 깨끗한 위생복을 입고 위생모를 쓰고, 손톱과 머리를 단정하고 청결히 유지한다.
13) **제품평가**

부피	분할무게와 비교해 부피가 알맞아야 한다.
균형감	찌그러짐이 없고 균형잡힌 모양이어야 한다.
껍질	부드럽고 색깔이 고르며, 반점과 줄무늬가 없어야 한다.
속결	기공과 조직의 크기가 고르고 부드러우며, 밝은 색을 띠어야 한다.
맛과 향	부드러운 맛과 은은한 향이 나야 한다. 탄 냄새나 익지 않은 생재료 맛이 나서는 안된다.

01 단과자빵 (트위스트형)
귀엽고 담백한 맛의
Sweet Products

시험시간 3시간 30분

요구사항

단과자빵(트위스트형)을 제조하여 제출하시오.
1) 배합표의 각 재료를 계량하여 재료별로 진열하시오.(9분)
2) 반죽은 스트레이트법으로 제조하시오.
   (단, 유지는 클린업 단계에 첨가하시오.)
3) 반죽 온도는 27℃를 표준으로 하시오.
4) 반죽분할 무게는 50g이 되도록 하시오.
5) 모양은 8자형 12개, 달팽이형 12개로 2가지 모양으로 만드시오.
6) 완제품 24개를 성형하여 제출하고, 남은 반죽은 감독위원의 지시에 따라 별도로 제출하시오.

- 반죽 제법 : 스트레이트법
- 반죽 온도 : 27±1℃
- 반죽 단계 : 100% (최종단계)
- 분할 중량 : 50g

배합표

비율(%)	재료명	무게(g)
100	강력분	900
47	물	422
4	이스트	36
1	제빵개량제	8
2	소금	18
12	설탕	108
10	쇼트닝	90
3	분유	26
20	달걀	180
199	계	1,788

합격 Point

1) 반죽을 밀어펼 때 두께가 일정하도록 하며, 모양에 따라 반죽의 길이를 조절한다.
2) 요구사항에 따라 8자형과 달팽이형을 각각 12개씩 총 24개 제조하고, 남은 반죽은 감독위원의 지시에 따라 제출한다.
3) 밑불은 윗불보다 약하게 하여 타지 않도록 주의한다.

RECIPE
재료계량 ➡ 믹싱 ➡ 1차발효 ➡ 성형 ➡ 팬닝 ➡ 2차발효 ➡ 굽기 ➡ 냉각

믹싱 및 1차발효

01 믹싱볼에 쇼트닝을 제외한 전 재료를 투입하여 저속으로 믹싱을 하다가 건조재료가 혼합되면 중고속으로 믹싱을 한다.

02 반죽이 클린업 단계가 되면 쇼트닝을 믹싱볼 바닥에 투입하고 저속, 중속 순으로 분산시킨다.

03 **믹싱종점 100%** : 반죽을 더욱 발전시켜서, 반죽을 손으로 잡아 당겨보아 끊어지지 않으면서, 잘 신전이 되고 적당한 탄력이 있는 반죽 상태를 확인하고 믹싱을 종료한다.

04 반죽을 가지런하게 둥글리기를 해서 반죽온도(27℃)를 측정한다.

05 **1차발효** : 건조 방지를 위하여 비닐로 반죽을 감싸서 온도 27℃, 상대습도 75~80%의 발효실에서 50~60분 동안 발효시킨다.

성형

06 **분할 및 둥글리기** : 1차 발효가 완료되면 50g씩 반죽을 분할하고 둥글리기를 한다.

07 **중간발효** : 비닐을 덮어서 상온에서 10분 정도 중간발효시킨다.

08 **정형** : 반죽을 다시 한 번 가볍게 둥글리기하여 가스를 빼고 스틱 모양으로 해서 휴지시킨다.

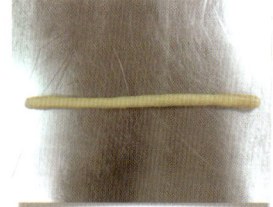 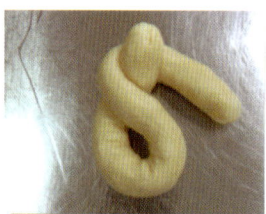 

09-1 **8자형** : 길이 20~25cm로 늘려서 8자 모양으로 성형, 끝부분이 튀어 나오지 않도록 주의한다.

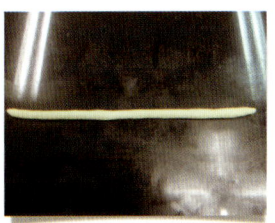  

09-2 달팽이형 : 길이 30cm 늘려서 끝부분을 가늘게 처리하여 달팽이 모양 밑으로 집어 넣는다.

10 팬닝 : 손바닥으로 위를 살짝 눌러준다.

| 2차발효 및 굽기 |

11 2차발효 : 온도 35℃, 상대습도 85~90%의 발효실에서 50분 동안 발효시킨다.

12 굽기(윗불/아랫불) : 190/140℃, 10~12분
굽기 도중에 색깔이 보이면 고른 색깔을 위해 철판을 한번 돌려준다.

13 냉각하기 : 굽기 완료 후 즉시 냉각팬에 올려 냉각시킨다.

TIP

① **부피** : 부피가 알맞고 형태별로 모양이 균일하여야 한다.
② **균형** : 균일한 모양으로 좌우 대칭을 이루고 균형이 잘 이루어져야 한다.
③ **껍질** : 껍질이 얇고 부드러우며 전체적으로 고른 색깔이 나고 밝은 갈색을 띠어야 한다. 표면에 반점과 기포 자국, 줄무늬 등이 남지 않아야 한다.
④ **내상** : 기공과 조직이 전체적으로 고르며 부드러워야 한다. 너무 조밀하거나 크고 거친 기공없이 밝고 여린 미황색을 띠어야 한다.
⑤ **맛과 향** : 씹는 촉감이 부드럽고 단과자빵 특유의 부드러운 맛과 은은한 향이 나야 한다. 끈적거림, 탄 냄새, 생재료 맛 등이 없어야 한다.

웰빙 음식으로 사랑받는

02 쌀식빵
Rice Bread

시험시간 3시간 40분

요구사항

쌀식빵을 제조하여 제출하시오.

1) 배합표의 각 재료를 계량하여 재료별로 진열하시오(9분).
2) 반죽은 스트레이트법으로 제조하시오. (단, 유지는 클린업 단계에서 첨가하시오.)
3) 반죽온도는 27℃를 표준으로 하시오.
4) 분할무게는 198g씩으로 하고, 제시된 팬의 용량을 감안하여 결정하시오. (단, 분할무게×3을 1개의 식빵으로 함)
5) 반죽은 전량을 사용하여 사용하여 성형하시오.

- 반죽 제법 : 스트레이트법
- 반죽 온도 : 27±1℃
- 반죽 단계 : 90~95%(최종단계)
- 분할 중량/성형 : 198×3/ 산형(삼봉형)

배합표

비율(%)	재료명	무게(g)
70	강력분	910
30	쌀가루	390
63	물	819(820)
3	이스트	39(40)
1.8	소금	23.4(24)
7	설탕	91(90)
5	쇼트닝	65(66)
4	탈지분유	52
2	제빵개량제	26
185.8	계	2,415.4(2,418)

합격 Point

1) 곡물혼합빵(Variety Bread)의 일반적인 특성
   - 반죽시간은 짧게, 반죽되기는 단단하게, 반죽온도는 낮게, 1차발효는 짧게, 분할중량은 많게
   - 2차발효는 길게(팬 높이 높게), 첨가물로 반죽의 물성을 보완(활성 글루텐 등 첨가)
2) 최종단계까지 믹싱하나 일반 식빵보다 짧게 한다.(90~95%)
3) 쌀식빵은 일반 식빵에 비해 오븐팽창이 적으므로 2차발효를 충분히 더 시킨다.(1cm)

RECIPE 재료계량 ➡ 믹싱 ➡ 1차발효 ➡ 성형 ➡ 팬닝 ➡ 2차발효 ➡ 굽기 ➡ 냉각

| 믹싱 및 1차발효 |

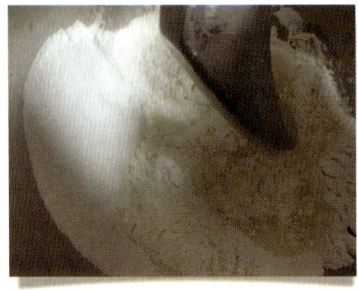

01 믹싱볼에 쇼트닝을 제외한 전 재료를 투입하여 저속으로 믹싱을 하다가 건조재료가 혼합되면 중고속으로 믹싱을 한다.

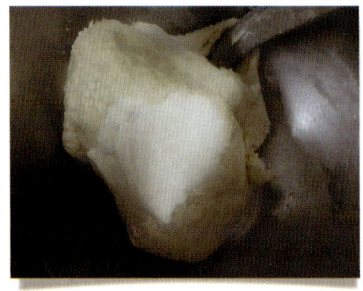

02 반죽이 클린업단계가 되면 쇼트닝을 믹싱볼 바닥에 투입하고 저속, 중속 순으로 분산시킨다.

03 믹싱종점 90~95% : 반죽을 더욱 발전시켜서, 반죽을 손으로 잡아 당겨보아 끊어지지 않으면서, 잘 신전이 되고 적당한 탄력이 있는 반죽 상태를 확인하고 믹싱을 종료한다.

| 성형 : 산형삼봉형(山型三棒形) |

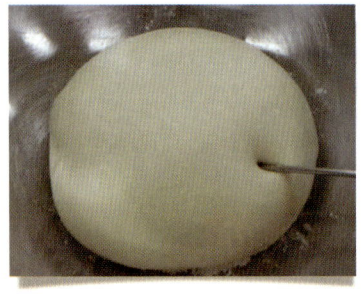

04 반죽을 가지런하게 둥글리기를 해서 반죽온도(27℃)를 측정한다.

05 1차발효 : 건조방지를 위해 비닐로 반죽을 감싸서, 온도 27℃, 상대습도 75~80%의 발효실에서 60분 동안 발효시킨다.

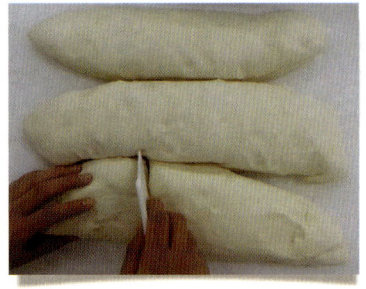

06 분할 및 둥글리기 : 1차발효가 완료되면 198g씩 반죽을 분할하고 공모양으로 둥글리기를 한다.

| 정형하기 |

07 중간발효(벤치타임) : 상온에서 15분~20분 정도 중간발효를 시킨다.

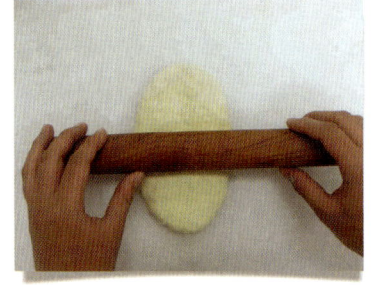

08 작업대에 덧가루를 조금 뿌리고 반죽을 적당한 힘으로 밀어펴기를 하여 가스를 빼준다.

09 반죽을 3겹접기를 하고 가운데를 손바닥으로 가볍게 눌러준다.

 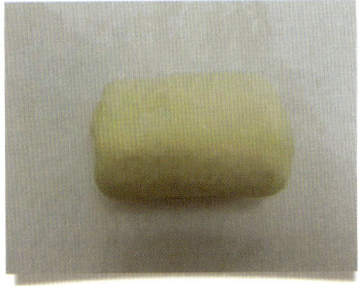

10 손끝으로 반죽을 가볍게 말아 주고, 봉합부분을 손가락으로 집어서 봉해준다.

> 정형한 반죽의 말려진 방향이 일치하도록 하고, 이음부위가 바닥을 향하게 팬닝한다.

| 2차발효 |

> 발효상태 : 식빵팬 높이보다 1cm 정도 더 올라오는 시점까지 발효시킨다.

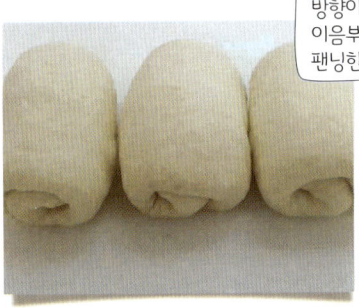  

11 **팬닝** : 식빵팬에 3덩이씩 넣고, 주먹으로 반죽의 윗면을 가볍게 눌러서 일정한 간격이 되도록 한다.

12 **2차발효** : 온도 38℃, 상대습도 85~90%의 발효실에서 50분 동안 발효시킨다.

| 굽기 및 냉각 |

13 굽기(윗불/아랫불)
170/180℃, 15분 →
150/150℃, 10~15분

14 냉각
굽기 완료 후 즉시 팬에서 꺼내서 냉각팬에서 냉각시킨다.

합격 TIP

① **부피** : 부피가 알맞고 모양이 균일해야 한다.
② **균형** : 찌그러짐이 없이 균일한 모양으로 대칭을 이루어야 한다.
③ **껍질** : 껍질이 얇고 부드러우며 전체적으로 고른 색깔이 나고 밝은 갈색으로 띄어야 한다. 윗면에 반점과 기포 자국이 남지 않고 황금 갈색을 띠어야 한다.
④ **내상** : 기공과 조직이 전체적으로 고르며 부드러워야 한다. 너무 조밀하거나 크고 거친 기공이나 줄무늬가 없이 쌀가루 특유의 밝은 내상색을 지녀야 한다.
⑤ **맛과 향** : 식감이 부드러우며 쌀식빵 특유의 구수한 맛과 발효향이 조화를 이루고 식빵 고유의 맛과 향 이외의 탄 냄새나 생재료 맛 등 이미와 이취 등이 없어야 한다.

03 커피향이 가득한~
모카빵
Mocha Bread

시험시간 3시간 30분

요구사항

모카빵을 제조하여 제출하시오.

1) 배합표의 빵반죽 재료를 계량하여 재료별로 진열하시오.(11분)
2) 반죽은 '스트레이트법'으로 제조하시오.
   (단, 유지는 클린업 단계에 첨가하시오.)
3) 반죽 온도는 27℃를 표준으로 하시오.
4) 반죽 1개의 분할무게는 250g, 1개당 비스킷은 100g씩 제조하시오.
5) 제품의 형태는 타원형(럭비공 모양)으로 제조하시오.
6) 토핑용 비스킷은 주어진 배합표에 의거 직접 제조하시오.
7) 완제품 6개를 제출하고 남은 반죽은 감독위원 지시에 따라 별도로 제출하시오.

- 반죽 제법 : 스트레이트법
- 반죽 온도 : 27±1℃
- 반죽 단계 : 100% (최종단계)
- 분할 중량 : 빵 반죽 250g, 비스킷 반죽 100g

배합표

빵반죽

비율(%)	재료명	무게(g)
100	강력분	850
45	물	382.5(382)
5	이스트	42.5(42)
1	제빵개량제	8.5(8)
2	소금	17(16)
15	설탕	127.5(128)
12	버터	102
3	탈지분유	25.5(26)
10	달걀	85(86)
1.5	커피	12.75(12)
15	건포도	127.5(128)
209.5	계	1780.75(1780)

토핑용 비스킷(계량시간에서 제외)

비율(%)	재료명	무게(g)
100	박력분	350
20	버터	70
40	설탕	140
24	달걀	84
1.5	베이킹파우더	5.25(5)
12	우유	42
0.6	소금	2.1(2)
198.1	계	693.35(693)

합격 Point

1) 전처리 • 건포도 : 건포도 중량의 12%의 물(37℃)에 10분간 정치 후 배수 후 사용한다.
   • 커피 : 사용할 물의 일부에 미리 용해시켜 둔다.
2) 토핑용 비스킷제법 : 한덩어리로 뭉쳐질 정도까지 가볍게 섞고 비닐에 감싸서 20~30분간 휴지시킨다.
3) 토핑용 반죽은 빵반죽이 완전히 덮이면서 빵반죽의 바닥이 중간 정도까지 감싸질 정도로 덮어준다.
   (밑바닥을 완전히 덮으면 굽기 중 빵의 내부로 열전달이 제대로 되지 않는다)

RECIPE 재료계량 ➡ 믹싱 ➡ 1차발효 ➡ 토핑물 제조 ➡ 성형 ➡ 팬닝 ➡ 2차발효 ➡ 굽기 ➡ 냉각

| 믹싱 및 1차발효 |

01 강력분, 제빵개량제, 탈지분유를 체를 이용하여 체질한다.

02 건포도를 미지근한 물에 불려 배수시키고 커피는 계량된 물을 이용하여 용해한다.

한 덩어리가 될때 까지 믹싱한다.

03 버터를 제외한 전재료를 믹싱볼에 담아 저속, 중속으로 믹싱한다.

04 클린업 단계에서 버터를 넣는다.

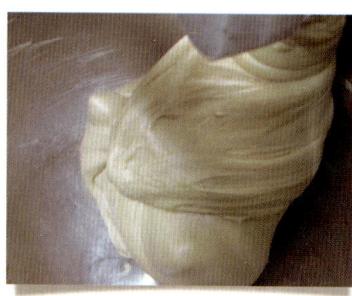

05 믹싱종점 100% : 저속에서 중속, 고속으로 믹싱하여 최종 단계까지 믹싱한다.

06 최종 단계에서 반죽을 벌려 건포도를 넣어준 후 저속에서 믹싱한다.

07 반죽을 오므려 스텐볼에 담고 반죽온도(27℃)를 체크한다.

08 온도 27℃, 습도 75% 상태에서 50분간 1차발효한다.

1차발효시간 동안 토핑용 비스킷을 제조한다.

09 1차발효는 부피 3~4배로 부풀며 손가락으로 반죽을 눌러봤을 때 오므라든상태로 남아 있어야 완료된 것이다.

10 250g씩 분할하여 타원형으로 둥글리기를 하여 상온에서 15~20분간 중간발효한다.

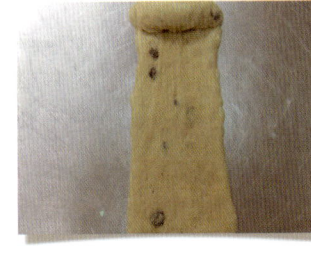

11 **성형(럭비공형)** : 밀대로 반죽을 밀어 가스를 빼고 긴 종모양으로 밀어편다. 좁은 쪽에서 조금씩 당겨가며 말아서 봉합한다. 토핑용 비스킷을 100g씩 분할하여 두께 0.4cm의 타원형으로 밀어서 붓으로 얇게 물칠을 하고 성형된 반죽 위를 감싼다.

12 정형한 반죽의 이음매가 바닥을 향하게 하고 한 철판에 2~3개씩 팬닝한다.

13 온도 35℃, 습도 85% 상태에서 35~40분 정도 부피가 2~2.5배까지 발효시킨다.

14 윗불 180℃, 아랫불 140℃ 오븐에서 30분 정도 구워준다.

15 구운 즉시 팬에서 빼내서 식힌다.

| 토핑 만들기(크림법) |

01 마가린을 풀어준 후 설탕, 소금을 넣어 크림상태로 만든다.

02 달걀을 조금씩 넣으면서 계속 저어 크림상태로 만든다.

03 우유를 혼합하고 체에 친 박력분과 베이킹파우더를 넣어 혼합하여 한 덩어리로 만든 후 냉장고에 휴지시킨다.

합격 TIP

① **부피** : 부피가 알맞고 모양이 일정하여야 한다.

② **균형** : 찌그러짐이 없이 좌우 대칭을 이루고, 균일한 모양이어야 한다.

③ **껍질** : 토핑물이 빵에 잘 붙어 있으며, 토핑물이 고르게 균열이 있고, 고른 착색이 나와야 한다. 윗면이나 옆면에 빵이나 건포도가 보이지 않아야 한다.

④ **내상** : 기공과 조직이 부위별로 고르며 부드러워야 한다. 커피색이 균일하고, 줄무늬나 익지 않은 부위가 없어야 한다.

⑤ **맛과 향** : 발효 빵과 비스킷의 맛이 조화를 이루고, 모카빵 특유의 구수한 맛과 커피향이 나야 한다. 또한 끈적거림, 탄냄새, 생재료 맛 등이 없어야 한다.

조금씩 뜯어 먹기 좋은
04 밤식빵
Chestnut Bread

시험시간 3시간 40분

요구사항

밤 식빵을 제조하여 제출하시오.
1) 반죽 재료를 계량하여 재료별로 진열하시오.(10분)
2) 반죽은 스트레이트법으로 제조하시오.
3) 반죽 온도는 27℃를 표준으로 하시오.
4) 분할 무게는 450g으로 하고, 성형시 450g의 반죽에 80g의 통조림 밤을 넣고 정형하시오. (한덩이 : one loaf)
5) 토핑물을 제조하여 굽기 전에 토핑하고 아몬드를 뿌리시오.
6) 반죽은 전량을 사용하여 성형하시오.

- 반죽 제법 : 스트레이트법
- 반죽 온도 : 27± 1℃
- 반죽 단계 : 100% (최종단계)
- 분할 중량 : 반죽 450g, 통조림 밤 80g

배합표

반죽

비율(%)	재료명	무게(g)
80	강력분	960
20	중력분	240
52	물	624
4.5	이스트	54
1	제빵개량제	12
2	소금	24
12	설탕	144
8	버터	96
3	탈지분유	36
10	달걀	120
192.5	계	2,310

토핑

비율(%)	재료명	무게(g)
100	마가린	100
60	설탕	60
2	베이킹파우더	2
60	달걀	60
100	중력분	100
50	아몬드슬라이스	50
372	계	372
35	밤다이스(시럽 제외)	420

※ 충전용·토핑 재료는 계량시간에서 제외

합격 Point

1) 당절임된 밤은 물로 씻어 표면의 당분을 제거하고, 체에 걸러 물기를 제거한 후 사용한다.
2) 2차발효는 식빵틀 높이의 80~85%가 적당하다. 반죽에 통조림 밤을 고르게 깔아 균일하게 분산시킨다.
3) 토핑용 크림 제조시 크림이 너무 지나치지 않도록 하고 짤 때는 중앙에서부터 짠다.

RECIPE
재료계량 ➡ 믹싱 ➡ 1차발효 ➡ 토핑물 제조 ➡ 성형 ➡ 팬닝 ➡ 2차발효 ➡ 굽기 ➡ 냉각

| 믹싱 및 1차발효 |

01 강력분, 중력분, 제빵개량제, 탈지분유를 체를 이용하여 체질한다.

02 버터를 제외한 전재료를 믹싱볼에 담아 저속, 중속으로 믹싱한다.

03 클린업 단계에서 버터를 넣는다.

04 믹싱 종점 100% : 저속에서 중속으로, 고속에서 믹싱하여 최종 단계까지 믹싱한다.

05 반죽을 오므려 스텐볼에 담고 반죽온도(27℃)를 체크한다.

06 온도 27℃, 습도 75% 상태에서 50~60분간 1차발효한다.

07 1차발효는 부피 3~4배로 부풀며 손가락으로 반죽을 눌러봤을 때 오므라든 상태로 남아 있어야 완료된 것이다.

08 450g씩 5개 분할하여 둥글리기를 하고 15~20분 정도 중간발효한다.

| 토핑물 충전 |

09 정형(원로프형) : 밀대로 반죽을 밀어 가스를 빼고 종모양으로 밀어 편다. 통조림 밤 80g을 골고루 뿌리고 타원형이 되도록 모양을 잡는다.

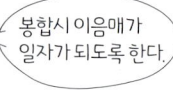
봉합시 이음매가 일자가 되도록 한다.

| 성형 |

10 정형한 반죽의 이음매가 바닥을 향하게 하고 틀에 반죽을 넣고 손으로 반죽의 윗면을 가볍게 눌러준다.

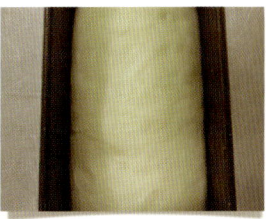

11 온도 38℃, 습도 85% 상태에서 50분 정도 팬높이 1.5cm 아래까지 발효시킨다.

12 **토핑짜기** : 납짝깍지를 이용하여 토핑용 반죽을 일정 두께와 넓이로 3줄 짠 다음 아몬드 슬라이스를 뿌린다.

| 굽기 |

13 윗불 170℃, 아랫불 180℃에서 15분 구운 후 윗불 150℃, 아랫불 150℃에서 15분 구워준다.

14 구운 즉시 틀에서 빼내서 식힌다.

옆면색이 갈색이 나야 주저앉지 않는다.

| 토핑 만들기 |

01 마가린을 풀어준 후 설탕을 넣어 크림상태로 만든다.

02 달걀을 조금씩 넣으면서 계속 저어 크림상태로 만든다.

03 체에 친 중력분과 베이킹파우더를 넣어 잘 섞는다.

TIP

① **부피** : 부피가 알맞고 모양이 균일하여야 하며, 너무 많이 부풀어 넘치지 않아야 한다.
② **균형** : 제품의 전체가 찌그러짐이 없이 균일한 모양으로 대칭을 이루어야 하고 아몬드 슬라이스가 골고루 뿌려져야 한다.
③ **껍질** : 껍질이 얇고 부드러우며 전체적으로 토핑물의 두께가 균일하며 황금 갈색을 띠어야 한다.
④ **내상** : 기공과 조직이 전체적으로 고르며 부드러워야 한다. 너무 조밀하거나 크고 거친 기공이나 줄무늬가 없이 밝은 내상색을 띠며, 조각 밤이 내부에 골고루 분산되어야 한다.
⑤ **맛과 향** : 식감이 부드러우며 끈적거림이 없이 통조림 밤과 토핑물의 특유의 맛과 발효향이 조화를 이루고 밤식빵 고유의 맛과 향 이외의 탄 냄새나 익지 않은 생재료 취 등 이미와 이취 등이 없어야 한다.

말랑말랑 푹신한
05 버터롤
Butter Roll

 시험시간 3시간 30분

요구사항

버터롤을 제조하여 제출하시오.

1) 배합표의 각 재료를 계량하여 재료별로 진열하시오.(9분)
2) 반죽은 '스트레이트법'으로 제조하시오.
   (단, 유지는 클린업 단계에 첨가하시오.)
3) 반죽의 온도는 27℃를 표준으로 하시오.
4) 반죽 1개의 분할무게는 50g으로 제조하시오.
5) 제품의 형태는 번데기 모양으로 제조하시오.
6) 24개를 성형하고, 남은 반죽은 감독위원의 지시에 따라 별도로 제출하시오.

- 반죽 제법 : 스트레이트법
- 반죽 온도 : 27±1℃
- 반죽 단계 : 100% (최종단계)
- 분할중량/성형 : 반죽 50g / 번데기 모양

배합표

비율(%)	재료명	무게(g)
100	강력분	900
10	설탕	90
2	소금	18
15	버터	135(134)
3	탈지분유	27(26)
8	달걀	72
4	이스트	36
1	제빵개량제	9(8)
53	물	477(476)
196	계	1,764

※ 충전용·토핑 재료는 계량시간에서 제외

합격 Point

1) 성형 시 좌우대칭의 번데기 모양이 되도록 주의해서 말아야 한다.(3겹 정도)
2) 완성된 버터롤의 형태가 균일해야 하고, 말린 끝부분이 밑으로 오도록 팬닝한다.

RECIPE

재료계량 ➡ 믹싱 ➡ 1차발효 ➡ 성형 ➡ 팬닝 ➡ 2차발효 ➡ 굽기 ➡ 냉각

| 믹싱 및 1차발효 |

01 강력분, 제빵개량제, 탈지분유를 체를 이용하여 체질한다.

02 버터를 제외한 전재료를 믹싱볼에 담아 저속에서 중속으로 믹싱한다.

03 클린업 단계에서 버터를 넣는다.

04 **믹싱종점 100%** : 저속에서 중속, 고속으로 믹싱하여 최종단계까지 믹싱한다.

05 반죽을 오므려 스텐볼에 담고 반죽온도(27℃)를 체크한다.

06 온도 27℃, 습도 75% 상태에서 60분간 1차발효한다.

07 1차발효는 부피 3~4배로 부풀며 손가락으로 반죽을 눌러봤을 때 오므라든 상태로 남아 있어야 완료된 것이다.

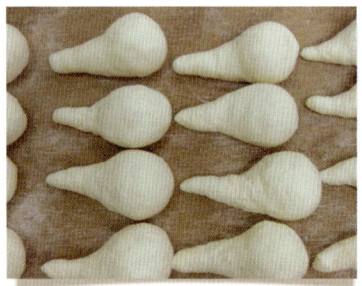

08 50g씩 24개를 분할하여 둥글리기를 하고 올챙이 모양으로 잡아준 후 10분 동안 중간발효를 한다.

성형 및 2차발효

09 **성형(번데기모양)** : 밀대로 반죽을 밀어 가스를 빼고, 좁고 긴 삼각형모양으로 밀어펴서 3겹으로 말아서 봉합한다.

10 정형한 반죽의 이음매가 바닥을 향하게 하여 평철판에 12개씩 팬에 담고 반죽에 달걀물 칠을 한다.

11 **2차발효** : 온도 35℃, 습도 85% 상태에서 40분 동안 부피가 2~2.5배 되도록 발효시킨다.

굽기 및 냉각

(밑불을 약하게 한다.)

12 윗불 190℃, 아랫불 140℃ 오븐에서 12분 정도 구워준다.

13 구운 즉시 철판에서 빼내서 녹인 버터 또는 달걀물을 발라준다.

합격 TIP

① **부피** : 부피가 알맞고 모양이 일정하여야 한다.

② **외부균형** : 찌그러짐이 없이 좌우 대칭을 이루고, 균일한 모양이어야 한다.

③ **껍질** : 껍질이 두껍지 않고 부드러워야 한다. 황금갈색으로 색깔이 고르고 윗면에 반점과 기포 자국, 줄무늬가 남지 않아야 한다.

④ **내상** : 기공과 조직이 부위별로 고르며 부드러워야 한다. 밝고 여린 미황색을 띠고, 익지 않은 부위가 없어야 한다.

⑤ **맛과 향** : 씹는 촉감이 부드럽고 버터롤 특유의 맛과 향을 지녀야 한다. 끈적거림, 탄 냄새, 생재료 맛 등이 없어야 한다.

촉촉하고 부드러운

06 버터톱식빵

ButterTop Bread

시험시간 3시간 30분

요구사항

버터톱 식빵을 제조하여 제출하시오.
1) 배합표의 각 재료를 계량하여 재료별로 진열하시오.(9분)
2) 반죽은 스트레이트법으로 제조하시오.
   (단, 유지는 클린업 단계에서 첨가하시오.)
3) 반죽 온도는 27℃를 표준으로 하시오.
4) 분할 무게 460g 짜리 5개를 만드시오.(한덩이 : one loaf)
5) 윗면을 길이로 자르고 버터를 짜 넣는 형태로 만드시오.
6) 반죽은 전량을 사용하여 성형하시오.

- 반죽 제법 : 스트레이트법
- 반죽 온도 : 27±1℃
- 반죽 단계 : 최종 단계
- 반죽 중량 및 성형 : 460g / 원로프 형태

배합표

비율(%)	재료명	무게(g)
100	강력분	1,200
40	물	480
4	이스트	48
1	제빵개량제	12
1.8	소금	21.6(22)
6	설탕	72
20	버터	240
3	탈지분유	36
20	달걀	240
195.8	계	2,349.6 (2,350)
5	버터(바르기용)	60

※ 바르기용은 계량시간에서 제외

합격 Point

1) 2차발효 완료점은 일반식빵보다 다소 적은 상태에서 완료한다.
2) 2차발효 후 약간 건조시킨 다음 칼집을 내고, 윗면에 칼집 깊이를 너무 깊게 하지 않는다.
3) 버터짜기를 할 때 버터는 유연하게 한 후 짠다.
4) 한 덩어리로 정형하므로 성형 시 좌우대칭이 되도록 주의한다.

RECIPE

재료계량 ➡ 믹싱 ➡ 1차발효 ➡ 성형 ➡ 2차발효 ➡ 칼집, 버터짜기 ➡ 굽기 ➡ 냉각

| 믹싱 및 1차발효 |

01 강력분, 제빵개량제, 분유를 체를 이용하여 체질한다.

(한 덩어리가 될 때까지)

02 버터를 제외한 전재료를 믹싱볼에 담아 저속 2분, 중속 2분 믹싱한다.

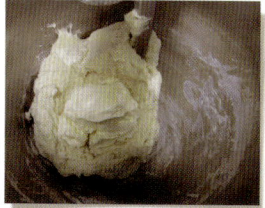

03 클린업 단계에서 버터를 넣는다.

04 **믹싱종점 100%** : 저속에서 1분, 중속에서 10분, 고속에서 2분간 믹싱하여 최종단계까지 믹싱한다.

05 반죽을 오므려 스텐볼에 담고 반죽온도(27℃)를 체크한다.

06 온도 27℃, 습도 75% 상태에서 50~60분간 1차발효한다.

07 1차발효는 부피 3~4배로 부풀며 손가락으로 반죽을 눌러봤을때 오므라든 상태로 남아 있어야 완료된 것이다.

08 460g씩 5개 분할하여 둥글리기를 한 후 중간발효를 15분~20분 한다.

(이음매가 일자가 되도록 한다)

09 **성형(원로프형)** : 밀대로 반죽을 밀어 가스를 빼고, 종모양으로 밀어펴서 롤이 보이게 말아서 봉합한다.

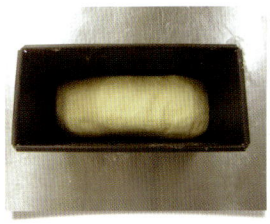

10 성형한 반죽의 이음매가 바닥을 향하게 하고 틀에 반죽을 넣고 손으로 반죽의 윗면을 가볍게 눌러준다.

11 **2차발효** : 온도 38℃, 습도 85% 상태에서 35~40분, 팬높이 1~1.5cm 아래까지 발효시킨다.

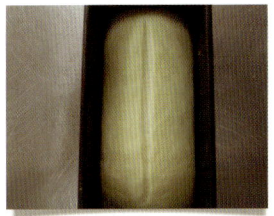

12 반죽의 중앙부분에 일자로 양쪽가장자리 1cm를 제외하고 깊이 0.2~0.3cm로 칼집을 넣는다.

13 짤주머니에 담은 버터를 칼집부분에 일자로 짜준다.

| 굽기 및 냉각 |

옆면색이 갈색이 나야 주저앉지 않는다.

14 굽기 : 170/180℃, 15분 → 150/150℃, 15분 정도로 총 30분 정도 굽는다.

15 구운 즉시 틀에서 빼내서 식힌다.

합격 TIP

① **부피** : 부피가 알맞고 모양이 균일하여야 한다. 반죽이 너무 많이 부풀어 넘치지 않아야 한다.

② **균형** : 찌그러짐이 없이 윗면의 터짐이 대칭을 이루어야 한다.

③ **껍질** : 껍질이 얇고 부드러우며 전체적으로 고른 색깔이 나고 밝은 갈색으로 띠어야 한다. 표면의 터짐이 균일하여야 하고, 반점과 기포 자국이 남지 않고 황금 갈색을 띠어야 한다.

④ **내상** : 기공과 조직이 전체적으로 고르며 부드러워야 한다. 너무 조밀하거나 크고 거친 기공이나 줄무늬가 없이 밝은 내상색을 지녀야 한다.

⑤ **맛과 향** : 식감이 부드러우며 끈적거림이 없이 버터식빵 고유의 버터향과 발효향이 조화를 이루고 버터 식빵 고유의 맛과 향 이외의 탄 냄새나 익지 않은 생재료 취 등 이미와 이취 등이 없어야 한다.

출출할 때 가볍게 먹는
07 빵도넛
Yeast Doughnuts

 시험시간 3시간

요구사항

빵도넛을 제조하여 제출하시오.
1) 배합표의 각 재료를 계량하여 재료별로 진열하시오.(12분)
2) 반죽은 스트레이트법으로 제조하시오.
   (단, 유지는 클린업 단계에 첨가하시오.)
3) 반죽 온도는 27℃를 표준으로 하시오.
4) 분할 무게는 46g씩으로 하시오.
5) 모양은 8자형 22개와 트위스트형(꽈배기형) 22개로 만드시오.
   (남은 반죽은 감독위원의 지시에 따라 별도로 제출하시오.)

- 반죽 제법 : 스트레이트법
- 반죽 온도 : 27±1℃
- 반죽 단계 : 90~95% (최종단계)
- 분할 중량/성형 : 46g / 8자형, 트위스트형

배합표

비율(%)	재료명	무게(g)
80	강력분	880
20	박력분	220
10	설탕	110
12	쇼트닝	132
1.5	소금	16.5(16)
3	탈지분유	33(32)
5	이스트	55(56)
1	제빵개량제	11(10)
0.2	바닐라향	2.2(2)
15	달걀	165(164)
46	물	506
0.3	넛메그	3.3(3)
194	계	2,134(2,131)

합격 Point

1) 적당한 튀김온도는 약 180℃ 정도이다. (→ 반죽을 넣으면 가라앉았다가 금방 떠오르면 적당하다.)
2) 빵도넛을 튀기는 동안 자주 뒤집으면 부피가 작아지므로 뒤집기는 1번만 한다.
3) 2차발효시 습도를 낮게 하고 발효시간도 짧게 해준다.
4) 발효된 반죽은 튀기기 전에 표피를 말려 수분을 없앤다.

RECIPE 재료계량 ➡ 믹싱 ➡ 1차발효 ➡ 성형 ➡ 2차발효 ➡ 튀기기 ➡ 냉각 ➡ 마무리

| 믹싱 및 1차발효 |

01 강력분, 박력분, 분유, 향, 넛메그를 체를 이용하여 체질한다.

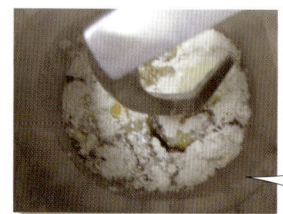

02 쇼트닝을 제외한 전재료를 믹싱볼에 담아 저속에서 중속으로 믹싱한다.

한 덩어리가 될때까지 믹싱한다.

03 클린업 단계에서 버터를 넣는다.

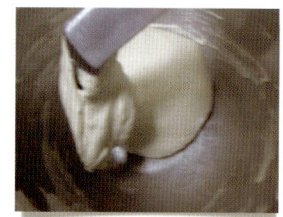

04 믹싱종점 70~95% : 저속에서 중속, 고속으로 믹싱하여 최종단계 초기까지 믹싱한다.

05 반죽을 오므려 스텐볼에 담고 반죽온도(27℃)를 체크한다.

06 1차발효 : 온도 27℃, 습도 75% 상태에서 60분간 1차발효한다.

07 1차발효는 부피 3~4배로 부풀며 손가락으로 반죽을 눌러봤을때 오므라든 상태로 남아 있어야 완료된 것이다.

| 성형 |

08 반죽 전량을 46g씩 분할하여 막대형으로 둥글리기한 뒤 15분간 중간발효한다.

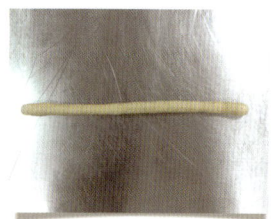

09-1 정형하기(8자형) : 밀대로 20~25cm로 밀어 8자로 말아서 봉합한다.

 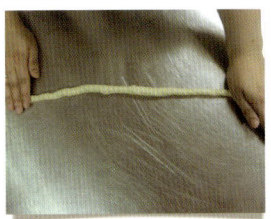 

09-2 정형하기(트위스트형) : 밀대로 30cm로 밀고 양쪽 끝을 얇게 밀어 반대 방향으로 힘을 주어 3번 정도 꼬아준다.

> 너무 타이트하게 말지 말고 여유있게 말아주며 이음매가 빠지지 않게 주의한다.

| 2차발효 및 튀기기 |

10 팬닝하기 : 평철판에 8자형 22개, 트위스트형 22개를 동일한 모양끼리 팬닝한다.

11 2차발효 : 온도 35℃, 습도 75~80% 상태에서 25~30분, 부피는 2~2.5배가 되도록 발효시킨다.

> 일반 빵에 비해 습도를 낮춰서 발효한다.

> 한쪽면에 색이나면 뒤집어준다.

12 튀기기 : 180℃에서 3분 정도 튀겨 주며, 테두리 흰줄(White line)을 살린다.

13 냉각 : 식힌 후 계피설탕을 묻혀준다.

합격 TIP

① **부피** : 부피가 알맞고 모양이 균일하여야 한다.
② **균형** : 튀기는 동안 반죽의 모양이 흐트러지지 않도록 주의한다.
③ **껍질** : 껍질이 얇고 부드러우며 전체적으로 고른 색깔이 나고 밝은 갈색으로 띄어야 한다. 표면에 반점과 기포 자국이 남지 않아야 한다.
④ **내상** : 기공과 조직이 전체적으로 고르며 부드러워야 한다. 너무 조밀하거나 크고 거친 기공이 없이, 기름의 흡유가 없고 밝은 색을 지녀야 한다.
⑤ **맛과 향** : 식감이 부드러우며 탄력이 있으며, 느끼한 기름맛이 없고 은은한 발효향이 조화를 이루고 고유의 맛과 향 이외의 이미와 이취 등이 없어야 한다.

부스러기가 맛있는

08 단과자빵
(소보로빵) Streusel

시험시간 3시간 30분

요구사항

단과자빵(소보로빵)을 제조하여 제출하시오.

1) 빵반죽 재료를 계량하여 재료별로 진열하시오.(9분)
2) 반죽은 스트레이트법으로 제조하시오.
   (단, 유지는 클린업 단계에 첨가하시오.)
3) 반죽 온도는 27℃를 표준으로 하시오.
4) 반죽 1개의 분할무게는 50g씩, 1개당 소보로 사용량은 약 30g 정도로 제조하시오.
5) 토핑용 소보로는 배합표에 의거 직접 제조하여 사용하시오.
6) 반죽은 25개를 성형하여 제조하고, 남은 반죽은 감독위원의 지시에 따라 별도로 제출하시오.

- 반죽 제법 : 스트레이트법
- 반죽 온도 : 27±1℃
- 반죽 단계 : 100% (최종단계)
- 분할 중량 : 반죽 50g, 소보로 30g

배합표

빵반죽

비율(%)	재료명	무게(g)
100	강력분	900
47	물	423(422)
4	이스트	36
1	제빵개량제	9(8)
2	소금	18
18	마가린	162
2	탈지분유	18
15	달걀	135(136)
16	설탕	144
205	계	1,845(1,844)

토핑용 소보로

비율(%)	재료명	무게(g)
100	중력분	300
60	설탕	180
50	마가린	150
15	땅콩버터	45(46)
10	달걀	30
10	물엿	30
3	탈지분유	9(10)
2	베이킹파우더	6
1	소금	3
251	계	753

※ 토핑용 재료는 계량시간에서 제외

합격 Point

1) 소보로 만들기
   - 제법은 크림법(손작업)으로 되기가 중요(중탕으로 조절)하다.
   - 소보루의 성상을 만들면서 가루색이 노르스름하게 될 때까지 비벼준다.
2) 소보로가루를 보다 더 고소하고 노르스름하게 하려면 옥수수가루를 10% 정도 첨가한다.
3) 소보로는 잘게 부수어 반죽에 물을 고루 바른 후 반죽 윗면에 전체적으로 골고루 뿌려 두께를 일정하게 충전시키는 것이 중요하다.

RECIPE

재료계량 ➡ 믹싱 ➡ 1차발효 ➡ 토핑물 만들기 ➡ 성형 ➡ 팬닝 ➡ 2차발효 ➡ 굽기 ➡ 냉각

| 믹싱 및 1차발효 |

01 믹싱볼에 마가린을 제외한 전 재료를 투입하여 저속으로 믹싱을 하다가 건조재료가 혼합되면 중고속으로 믹싱을 한다.

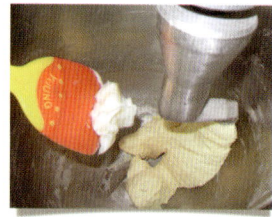

02 반죽이 클린업 단계가 되면 마가린을 믹싱볼 바닥에 투입하고 저속, 중속 순으로 분산시킨다.

03 **믹싱종점 100%** : 반죽을 더욱 발전시켜서, 반죽을 손으로 잡아 당겨보아 끊어지지 않으면서, 잘 신전이 되고 적당한 탄력이 있는 반죽 상태를 확인하고 믹싱을 종료한다.

04 반죽을 가지런하게 둥글리기를 해서 반죽 온도(27℃)를 측정한다.

| 성형 |

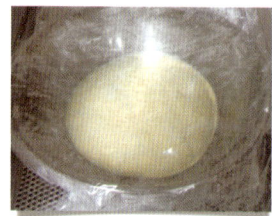

05 **1차발효** : 건조방지를 위하여 비닐로 반죽을 감싸서 온도 27℃, 상대습도 75~80%의 발효실에서 60분 동안 발효시킨다.

소보로 제조(크림법) : 1차발효가 진행되는 동안 토핑용 소보로를 제조한다.

06 **분할 및 둥글리기** : 1차발효가 완료되면 반죽을 50g씩 25개 분할하고, 둥글리기를 한다.

07 **중간발효(벤치타임)** : 비닐을 덮어서 상온에서 10분~15분 정도 중간발효시킨다.

08 **정형** : 반죽을 다시 한번 가볍게 둥글리기하여 가스를 빼고 밑부분을 손으로 집어 잘 봉한다.

09 작은 볼에 물을 준비하여 반죽의 봉합 부위를 잡고 물에 약간 잠길 정도로 한번 담갔다가 꺼낸다.

10 소보로를 약 30g 정도 분리하여 그 중 일부는 봉합부분에 뿌려서 손으로 꾹 눌러 전체적으로 고른 두께로 일정하게 충전되도록 돌려준다.

11 **팬닝** : 둥글게 모양을 잡으면서 위를 살짝 눌러준다.

2차발효 및 굽기

발효가 과다하면 토핑물 무게 때문에 주저앉을 수 있으므로 다른 단과자빵에 비하여 발효시간을 약간 적게한다.

12 **2차발효** : 온도 35℃, 상대습도 85~90%의 발효실에서 35~40분 동안 발효시킨다.
반죽 상태 : 소보로 표면이 균열이 일정하게 부풀고, 팬 흔들기로 다소 출렁일 때까지 발효시킨다.

13 **굽기(윗불/아랫불)** : 190/150℃, 13~14분
굽는 도중에 색깔이 보이면 고른 색깔을 위해 철판을 한번 돌려준다.

14 **냉각** : 굽기 완료 후 즉시 냉각팬에 올려 냉각시킨다.

토핑용 소보로 만들기

01 마가린과 땅콩버터를 큰 스텐볼에 넣고 거품기로 부드럽게 한다.

03 달걀을 넣고 섞는다.

02 설탕과 소금, 물엿을 섞고 크림화한다.

크림화가 지나치면 질어질 수 있다.

04 체를 쳐둔 중력분과 분유, 베이킹파우더를 넣고 보슬보슬한 소보로의 성상이 나오도록 섞는다.

TIP

① **부피** : 부피가 알맞고 모양이 균일하여야 한다.
② **균형** : 찌그러짐이 없이 균일한 모양으로 대칭을 이루고 균형이 잘 잡혀야 한다.
③ **껍질** : 소보로가 전체적으로 고루 묻어 있고 두껍거나 얇지 않으며, 전체적으로 고른 밝은 갈색을 띠어야 한다.
④ **내상** : 밝고 연한 노란 내상색을 띠며, 기공과 조직이 부위별로 고르고 부드러우며 너무 조밀하지 않아야 한다.
⑤ **맛과 향** : 소보로 토핑 고유의 맛과 향이 은은한 발효향과 잘 조화를 이루고 식감이 부드러우며, 소보로 빵 특유의 맛과 향 이외의 끈적거림, 탄 냄새, 생재료 맛 등이 없어야 한다.

계피향에 달콤함이 가득

09 스위트롤
Sweet Roll

시험시간 3시간 30분

요구사항

스위트 롤을 제조하여 제출하시오.

1) 배합표의 각 재료를 계량하여 재료별로 진열하시오.(9분)
2) 반죽은 스트레이트법으로 제조하시오.
   (단, 유지는 클린업 단계에 첨가하시오.)
3) 반죽온도는 27℃를 표준으로 사용하시오.
4) 야자잎형 12개, 트리플리프(세잎새형) 9개를 만드시오.
5) 계피설탕은 각자가 제조하여 사용하시오.
6) 성형 후 남은 반죽은 감독위원의 지시에 따라 별도로 제출하시오.

- 반죽 제법 : 스트레이트법
- 반죽 온도 : 27±1℃
- 반죽 단계 : 90~95% (최종단계)
- 반죽 성형 : 야자잎형, 트리플리프(세잎새형)

배합표

비율(%)	재료명	무게(g)
100	강력분	900
46	물	414
5	이스트	45(46)
1	제빵개량제	9(10)
2	소금	18
20	설탕	180
20	쇼트닝	180
3	탈지분유	27(28)
15	달걀	135(136)
212	계	1,908(1,912)
15	충전용 설탕	135(136)
1.5	충전용계피가루	13.5(14)

※ 충전용 재료는 계량시간에서 제외

합격 Point

1) 오버믹싱, 과발효하면 모양 유지가 어렵다.
2) 동일한 두께로 밀어펴서 적당한 강도로 말아야 한다. 너무 세게 말면 오븐 팽창 시 위로만 솟고, 반대로 너무 느슨하게 말면 모양이 풀어진다.
3) 전체 길이를 110~120cm, 원통 직경 6cm로 유지한 다음 재단해서 지시한 모양으로 잡는다.

RECIPE   재료계량 ➡ 믹싱 ➡ 1차발효 ➡ 성형 ➡ 팬닝 ➡ 2차발효 ➡ 굽기 ➡ 냉각

| 믹싱 및 1차발효 |

01 믹싱볼에 쇼트닝을 제외한 전 재료를 투입하여 저속으로 믹싱을 하다가 건조 재료가 혼합되면 중고속으로 믹싱을 한다.

02 반죽이 클린업 단계가 되면 쇼트닝을 믹싱볼 바닥에 투입하고 저속, 중속 순으로 분산시킨다.

03 **믹싱종점 90~95%** : 반죽을 더욱 발전시켜서, 반죽을 손으로 잡아당겨보아 끊어지지 않으면서, 잘 신전이 되고 적당한 탄력이 있는 반죽상태를 확인하고 믹싱을 종료한다.

04 반죽을 가지런하게 둥글리기를 해서 반죽온도(27℃)를 측정한다.

05 **1차발효** : 건조방지를 위하여 비닐로 반죽을 감싸서 온도 27℃, 상대습도 75~80%의 발효실에서 50~60분 동안 발효시킨다.

| 성형 |

밀어펴기 → 용해버터 바르기 → 계피설탕 뿌리기 → 말기 → 봉하기

06-1 작업대에 덧가루를 적당히 뿌리고, 1차발효가 완료된 반죽을 일정한 두께(0.5~0.6cm)로 밀어편다.

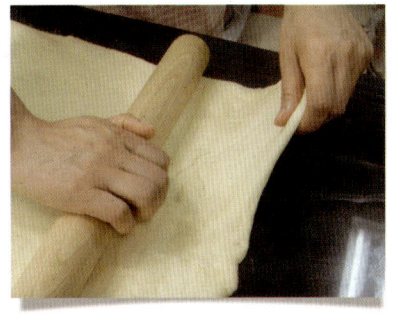

06-2 밀대로 직사각형 형태로 만들면서 모양을 다듬어주며 가스를 빼준다.

06-3 바닥에 덧가루가 없으면 잘 밀리지 않으므로 덧가루를 적당량 뿌리면서 폭 40cm×길이 110cm 로 밀어준다. 버터(약 50g)를 녹여서 붓으로 반죽의 표면에 골고루 발라준다. (반죽의 한쪽 가장 자리 끝은 제외)

06-4 반죽의 한쪽 가장자리 끝은 붓을 사용해서 약 1~1.5cm 폭으로 물칠을 해 준다.

06-5 계피설탕을 반죽 위에 뿌려서 골고루 펴 준다.

06-6 물칠한 반대쪽 가장자리부터 약 2cm 폭으로 먼저 접은 다음, 일정하게 힘을 주며 말아준다.

06-7 완전히 말은 상태에서 이음 부위에 봉하기를 해주고 손으로 눌러 펴서 두께를 일정하게 한다.

07-1 야자잎형 12개 : 폭 4cm, 2등분(칼집 1군데, 두께의 2/3 깊이)하여 벌려 준다.

07-2 트리플리프(세잎새형) 9개 : 폭 5cm, 3등분(칼집 2군데, 두께의 2/3 깊이)하여 벌려 준다.

08 팬닝 : 모양과 크기가 같은 것끼리 한 철판에 팬닝하고, 일정한 간격이 되도록 한다.

2차발효 및 굽기

09 2차발효 : 온도 35℃, 상대습도 85~90%의 발효실에서 40~45분 동안 발효시킨다.

10 굽기(윗불/아랫불) : 185/145℃, 12분, 15분

냉각

11 굽기 완료 후 즉시 팬에서 꺼내서 냉각팬에서 냉각시킨다.

합격 TIP

① **부피** : 부피감이 알맞고 균일하여야 한다.
② **균형** : 찌그러짐이 없이 모양으로 대칭을 이루고, 균일한 모양으로 균형이 잘 잡혀야 한다.
③ **껍질** : 껍질이 두껍지 않고 부드러워야 한다. 전체적으로 밝은 갈색으로 띠며 윗면에 반점과 기포 자국, 줄무늬 등이 남지 않아야 한다. 또한, 충전물이 흘러 껍질에 묻지 않아야 한다.
④ **내상** : 충전물과 빵 부분의 구별이 명확하고 규칙적이어야 하며, 익지 않은 부위가 없어야 한다.
⑤ **맛과 향** : 충전물의 특유의 맛과 향이 발효향과 잘 어울리고 씹는 촉감이 부드러워야 한다. 끈적거림, 탄 냄새, 생재료 맛 등이 없어야 한다.

10 식빵 (비상스트레이트법)
쫄깃한 맛 그대로

White Pan Bread

시험시간 2시간 40분

요구사항

식빵(비상스트레이트법)을 제조하여 제출하시오.

1) 배합표의 각 재료를 계량하여 재료별로 진열하시오.(8분)
2) 비상스트레이트법 공정에 의해 제조하시오.
   (반죽온도는 30℃로 한다.)
3) 표준분할무게는 170g으로 하고, 제시된 팬의 용량을 감안하여 결정하시오. (단, 분할무게×3을 1개의 식빵으로 함)
4) 반죽은 전량을 사용하여 성형하시오.

- 반죽 제법 : 비상스트레이트법
- 반죽 온도 : 30±1℃
- 반죽 단계 : 110% (최종단계후기)
- 분할 중량/성형 : 반죽 170g / 산형(삼봉형)

배합표

비율(%)	재료명	무게(g)
100	강력분	1,200
63	물	756
5	이스트	60
2	제빵개량제	24
5	설탕	60
4	쇼트닝	48
3	탈지분유	36
1.8	소금	21.6(22)
183.8	계	2,205.6(2,206)

합격 Point

1) 스트레이트법의 식빵 반죽보다 20~25% 정도 더 믹싱을 해준다.
2) 스트레이트법(정상반죽)의 1차발효 완료점
   - 반죽의 부피가 3~3.5배가 되는 시점
   - 손가락으로 반죽을 찔러보아 반죽이 살짝 오므라드는 시점
   - 발효반죽을 살짝 뒤집었을 때, 거미줄과 같은 줄무늬가 있는 섬유질 구조를 가질 때
3) 비상스트레이트법(비상반죽)의 경우 발효시간(15~30분)으로 1차발효 완료점을 판단한다.
4) 성형과정에서 반죽의 표피가 찢어지지 않게 주의한다.
5) 반죽덩이를 팬닝할 때 둥글게 말려진 방향이 일치하도록 하고, 이음매 부분을 잘 봉하여 밑으로 오도록 팬닝한다.

RECIPE

재료계량 ➡ 믹싱 ➡ 1차발효 ➡ 성형 ➡ 팬닝 ➡ 2차발효 ➡ 굽기 ➡ 냉각

| 믹싱 및 1차발효 |

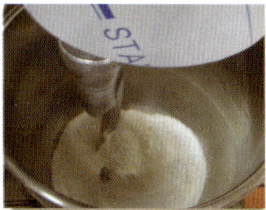

01 믹싱볼에 쇼트닝을 제외한 전 재료를 투입하여 저속으로 믹싱을 하다가 건조재료가 혼합되면, 중고속으로 믹싱을 한다.

02 반죽이 클린업 단계가 되면 쇼트닝을 믹싱볼 바닥에 투입하고 저속, 중속 순으로 분산시킨다.

03 **믹싱종점 110%** : 반죽을 더욱 발전시켜서, 반죽을 손으로 잡아당겨보아 끊어지지 않으면서, 잘 신전이 되고 적당한 탄력이 있는 반죽 상태를 확인하고 믹싱을 종료한다.

04 반죽을 가지런하게 둥글리기를 해서 반죽온도(30℃)를 측정한다.

05 **1차발효** : 건조방지를 위하여 비닐로 반죽을 감싸서 온도 30℃, 상대습도 75~80%의 발효실에서 25~30분 동안 발효시킨다.

| 성형 | 산형삼봉형(山型三棒形)

06 **분할 및 둥글리기** : 1차발효가 완료되면 170g씩 반죽을 분할하고 공모양으로 둥글리기를 한다.

07 **중간발효(벤치타임)** : 상온에서 10~15분 정도 중간발효시킨다.

08-1 **정형하기** : 작업대에 덧가루를 조금 뿌리고 반죽을 적당한 힘으로 밀어펴기를 하여 가스를 빼준다.

08-2 반죽을 3겹 접기를 하고 가운데를 손바닥으로 가볍게 눌러준다.

08-3 손끝으로 반죽을 가볍게 말아주고, 이음매를 손가락으로 집어서 봉해준다.

> 정형한 반죽의 말려진 방향이 일치하도록 하고, 이음부위가 바닥을 향하게 팬닝한다.

09 팬닝하기 : 식빵팬에 3개씩 넣고, 손으로 반죽의 윗면을 가볍게 눌러서 일정한 간격이 되도록 한다.

| 2차발효 및 굽기 |

> 반죽상태 : 식빵팬 높이보다 0.5~1cm 정도 더 올라오는 시점까지 발효시킨다.

| 냉각 |

10 2차발효 : 온도 38℃, 상대습도 85~90%의 발효실에서 50분 동안 발효시킨다.

11 굽기(윗불/아랫불) : 170/180℃, 15분 → 150/150℃, 10~15분, 충분히 구워 주저 앉지 않도록 하며, 밑면·옆면에도 구운 색이 나도록 한다.

12 굽기 완료 후 즉시 팬에서 꺼내서 냉각팬에서 냉각시킨다.

합격 TIP

① **부피** : 부피가 알맞고 모양이 균일해야 한다.
② **균형** : 찌그러짐이 없이 균일한 모양으로 대칭을 이루어야 한다.
③ **껍질** : 껍질이 얇고 부드러우며 전체적으로 고른 색깔이 나고 밝은 갈색으로 띄어야 한다. 표면에 반점과 기포 자국이 남지 않고 황금 갈색을 띠어야 한다.
④ **내상** : 기공과 조직이 전체적으로 고르며 부드러워야 한다. 너무 조밀하거나 크고 거친 기공이나 줄무늬가 없이 밝은 내색상을 지녀야 한다.
⑤ **맛과 향** : 식감이 부드러우며 끈적거림이 없이 은은한 발효향이 조화를 이루고 식빵 고유의 맛과 향 이외의 탄 냄새나 익지 않은 생재료 취 등 이미와 이취 등이 없어야 한다.

구수한 향이 가득한

11 옥수수식빵
Corn Bread

시험시간 3시간 40분

요구사항

옥수수 식빵을 제조하여 제출하시오.
1) 배합표의 각 재료를 계량하여 재료별로 진열하시오.(10분)
2) 반죽은 스트레이트법으로 제조하시오.
   (단, 유지는 클린업 단계에 첨가하시오.)
3) 반죽 온도는 27℃를 표준으로 하시오.
4) 표준분할무게는 180g으로 하고, 제시된 팬의 용량을 감안하여 결정하시오.
   (단, 분할무게×3을 1개의 식빵으로 함)
5) 반죽은 전량을 사용하여 성형하시오.

- 반죽 제법 : 스트레이트법
- 반죽 온도 : 27±1℃
- 반죽 단계 : 95~95% (최종단계)
- 분할 중량/성형 : 반죽 180g / 산형(삼봉형)

배합표

비율(%)	재료명	무게(g)
80	강력분	960
20	옥수수분말	240
60	물	720
3	이스트	36
1	제빵개량제	12
2	소금	24
8	설탕	96
7	쇼트닝	84
3	탈지분유	36
5	달걀	60
189	계	2,268

합격 Point

1) 곡물 혼합빵(Variety Bread)의 일반적인 특성

반죽시간	짧게
반죽되기	단단하게
반죽온도	낮게
1차발효	짧게
분할 중량	많게
2차발효	길게 (팬높이 높게)

2) 최종 단계까지 믹싱하나 오버믹싱으로 반죽이 처지지 않도록 한다.
3) 2차발효는 반죽이 팬높이보다 1cm 더 올라오게 한다.

RECIPE

재료계량 ➡ 믹싱 ➡ 1차발효 ➡ 성형 ➡ 팬닝 ➡ 2차발효 ➡ 굽기 ➡ 냉각

믹싱 및 1차발효

01 믹싱볼에 쇼트닝을 제외한 전 재료를 투입하여 저속으로 믹싱을 하다가 건조재료가 혼합되면 중고속으로 믹싱을 한다.

02 반죽이 클린업 단계가 되면 쇼트닝을 믹싱볼 바닥에 투입하고 저속, 중속 순으로 분산시킨다.

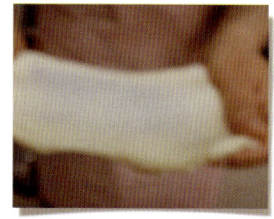

03 믹싱종점 100% : 반죽을 더욱 발전시켜서, 반죽을 손으로 잡아 당겨보아 끊어지지 않으면서, 잘 신전이 되고 적당한 탄력이 있는 반죽 상태를 확인하고 믹싱을 종료한다.

04 반죽을 가지런하게 둥글리기를 해서 반죽 온도(27℃)를 측정한다.

성형 | 산형삼봉형(山型三棒形)

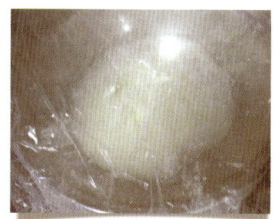

05 1차발효 : 건조방지를 위하여 비닐로 반죽을 감싸서 온도 27℃, 상대습도 75~80%의 발효실에서 60분 동안 발효시킨다.

06 분할 및 둥글리기 : 1차발효가 완료되면 180g씩 반죽을 분할하고 공모양으로 둥글리기를 한다.

07 중간발효(벤치타임) : 상온에서 15~20분 정도 중간발효시킨다.

08-1 정형하기 : 작업대에 덧가루를 조금 뿌리고 반죽을 적당한 힘으로 밀어펴기를 하여 가스를 빼준다.

   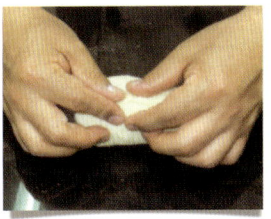

08-2 반죽을 3겹 접기를 하고 가운데를 손바닥으로 가볍게 눌러준다.

| 굽기 및 냉각 |

09 팬닝 : 식빵팬에 3개씩 넣고, 손으로 반죽의 윗면을 가볍게 눌러서 일정한 간격이 되도록 한다.

> 정형한 반죽의 말려진 방향이 일치하도록 하고, 이음부위가 바닥을 향하게 팬닝한다.

10 2차발효 : 온도 38℃, 상대습도 85~90%의 발효실에서 50분 동안 발효를 시킨다.

> 반죽상태 : 식빵팬 높이보다 1cm 정도 더 올라오는 시점까지 발효시킨다.

11 굽기(윗불/아랫불) : 170/180℃, 15분 → 150/150℃, 10~15분

12 냉각 : 굽기 완료 후 즉시 팬에서 꺼내서 냉각팬에서 냉각시킨다.

합격 TIP

① **부피** : 팬 위로 부풀어 오른 비율이 알맞아야 하며, 특히 오븐팽창이 적으므로 일반 식빵에 비해 2차발효를 충분히 더 시킨다.
② **균형** : 찌그러짐이 없이 균일한 모양으로 대칭을 이루어야 한다.
③ **껍질** : 껍질이 두껍지 않고 부드러워야 한다. 밝은 갈색으로 윗면에 반점과 기포 자국, 줄무늬 등이 남지 않아야 한다.
④ **내상** : 기공과 조직이 부위별로 고르며 부드러워야 한다. 옥수수가루의 노란색상이 전체에 고루 연하게 나타나야 하며, 익지 않은 부위가 없어야 한다.
⑤ **맛과 향** : 씹는 촉감이 부드럽고 옥수수 식빵 특유의 구수한 맛과 향이 발효향과 잘 조화를 이루어야 한다.

고소하고 담백한

12 우유식빵
Milk Bread

 시험시간 3시간 40분

요구사항

우유 식빵을 제조하여 제출하시오.

1) 배합표의 각 재료를 계량하여 재료별로 진열하시오.(8분)
2) 반죽은 스트레이트법으로 제조하시오.
   (단, 유지는 클린업 단계에 첨가하시오.)
3) 반죽 온도는 27℃를 표준으로 하시오.
4) 표준분할무게는 180g으로 하고, 제시된 팬의 용량을 감안하여 결정하시오.
   (단, 분할무게×3을 1개의 식빵으로 함)
5) 반죽은 전량을 사용하여 성형하시오.

- 반죽 제법 : 스트레이트법
- 반죽 온도 : 27±1℃
- 반죽 단계 : 100% (최종단계)
- 분할 중량/성형 : 반죽 180g /산형(삼봉형)

배합표

비율(%)	재료명	무게(g)
100	강력분	1,200
40	우유	480
29	물	348
4	이스트	48
1	제빵개량제	12
2	소금	24
5	설탕	60
4	쇼트닝	48
185	계	2,220

합격 Point

1) 우유 속의 유당(젖당, 락토오스) 성분에 의해 윗면 껍질색이 너무 빨리 혹은 너무 짙게 나올 가능성이 있으므로 굽기에 각별히 주의한다.
2) 우유는 고형분이 12%, 수분이 88%로 구성되어 있어 우유를 사용할 때는 보통의 식빵에 들어가는 수분 62% 보다 약 10%가 더 추가된 68%의 우유를 넣어주어야 한다.
3) 생우유는 중탕으로 가열하여 사용한다.
4) 유단백질에 의해 반죽의 힘이 강해지므로 반죽시간이 길어진다.

RECIPE

재료계량 ➡ 믹싱 ➡ 1차발효 ➡ 성형 ➡ 팬닝 ➡ 2차발효 ➡ 굽기 ➡ 냉각

| 믹싱 및 1차발효 |

01 믹싱볼에 쇼트닝을 제외한 전 재료를 투입하여 저속으로 믹싱을 하다가 건조재료가 혼합되면, 중고속으로 믹싱을 한다.

02 반죽이 클린업 단계가 되면 쇼트닝을 믹싱볼 바닥에 투입하고 저속, 중속 순으로 분산시킨다.

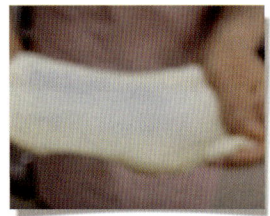

03 **믹싱종점 100%** : 반죽을 더욱 발전시켜서, 반죽을 손으로 잡아 당겨보아 끊어지지 않으면서, 잘 신전이 되고 적당한 탄력이 있는 반죽 상태를 확인하고 믹싱을 종료한다.

04 반죽을 가지런하게 둥글리기를 해서 반죽 온도(27℃)를 측정한다.

| 성형 | 산형삼봉형(山型三棒形)

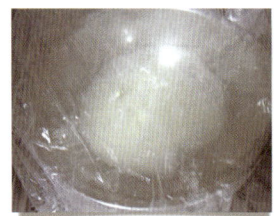

05 **1차발효** : 건조방지를 위하여 비닐로 반죽을 감싸서 온도 27℃, 상대습도 75~80%의 발효실에서 60분 동안 발효시킨다.

06 **분할 및 둥글리기** : 1차발효가 완료되면 180g씩 반죽을 분할하고 공모양으로 둥글리기를 한다.

07 **중간발효(벤치타임)** : 상온에서 15분~20분 정도 중간발효시킨다.

08-1 **정형하기** : 작업대에 덧가루를 조금 뿌리고 반죽을 적당한 힘으로 밀어펴기를 하여 가스를 빼준다.

08-2 반죽을 3겹 접기를 하고 가운데를 손바닥으로 가볍게 눌러준다.

08-3 손끝으로 반죽을 가볍게 말아 주고, 봉합부분을 손가락으로 집어서 봉해준다.

| 2차발효 및 굽기 |

09 팬닝 : 식빵팬에 3개씩 넣고, 손으로 반죽의 윗면을 가볍게 눌러서 일정한 간격이 되도록 한다.

반죽상태 : 식빵팬 높이보다 1cm 정도 더 올라오는 시점까지 발효시킨다.

10 2차발효 : 온도 38℃, 상대습도 85~90%의 발효실에서 50분 동안 발효시킨다.

11 굽기(윗불/아랫불) : 170/180℃, 15분 → 150/150℃, 10~15분

12 냉각 : 굽기 완료 후 즉시 팬에서 꺼내서 냉각팬에서 냉각시킨다.

TIP

① **부피** : 부피가 알맞고 모양이 균일해야 한다.
② **균형** : 찌그러짐이 없이 균일한 모양으로 대칭을 이루어야 한다.
③ **껍질** : 껍질이 얇고 부드러우며 전체적으로 고른 색깔이 나고 밝은 갈색으로 띠어야 한다. 표면에 반점과 기포 자국이 남지 않고 황금 갈색을 띠어야 한다.
④ **내상** : 기공과 조직이 전체적으로 고르며 부드러워야 한다. 너무 조밀하거나 크고 거친 기공이나 줄무늬가 없이 밝은 내색상을 지녀야 한다.
⑤ **맛과 향** : 식감이 부드러우며 끈적거림이 없이 온화한 우유 맛과 은은한 발효향이 조화를 이루고 식빵 고유의 맛과 향 이외의 탄 냄새나 익지 않은 생재료 취 등 이미와 이취 등이 없어야 한다.

13 그리시니

바삭바삭 길죽한

Grissini

시험시간 2시간 30분

요구사항

그리시니를 제조하여 제출하시오.
1) 배합표의 각 재료를 계량하여 재료별로 진열하시오.(8분)
2) 전 재료를 동시에 투입하여 믹싱하시오.(스트레이트법)
3) 반죽온도는 27℃를 표준으로 하시오.
4) 분할무게는 30g, 길이는 35~40cm로 성형하시오.
5) 반죽은 전량을 사용하여 성형하시오.

- 반죽 제법 : 스트레이트법
- 반죽 온도 : 27±1℃
- 분할 중량 : 30g

배합표

비율(%)	재료명	무게(g)
100	강력분	700
1	설탕	7(6)
0.14	건조 로즈마리	1(2)
2	소금	14
3	이스트	21(22)
12	버터	84
2	올리브유	14
62	물	434
182.14	계	1,275(1,276)

합격 Point

1) 믹싱을 오래하면 식감이 질겨지므로 발전단계까지만 믹싱한다.
2) 두께가 일정한 스틱모양이 되어야 하므로 반죽 성형시 단계적으로 휴지를 반복하여 고르게 밀어 펴준다.
3) 1차발효, 2차발효를 정해진 시간에 맞춰서 한다.

RECIPE

재료계량 ➡ 믹싱 ➡ 1차발효 ➡ 성형 ➡ 팬닝 ➡ 2차발효 ➡ 굽기 ➡ 냉각

| 믹싱 및 1차발효 |

01 강력분을 체질한다.

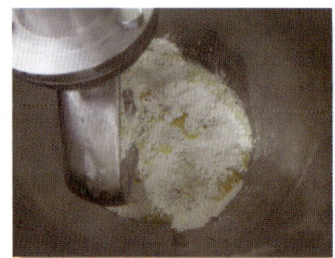

02 믹싱볼에 모든 재료를 담아 저속으로 믹싱하다가 건조재료가 혼합되면 중고속으로 믹싱한다.

발효시간지킬것

03 **믹싱종점 80%** : 반죽을 발전시켜 발전단계의 반죽상태를 확인하고 믹싱을 종료한다.

04 믹싱이 완료된 반죽을 매끈하게 정리하여 반죽온도(27℃)를 체크한다.

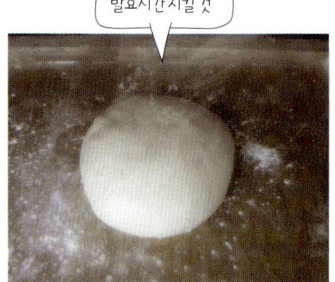

05 **1차발효** : 반죽을 스텐볼이나 나무틀에 담아 비닐을 덮고 발효실 온도 27℃, 상대습도 75~80%로 30분 동안 발효시킨다.

| 성형 |

06 **분할 및 둥글리기** : 1차발효가 완료되면 30g씩 반죽을 분할하고 둥글리기하여 스틱모양으로 휴지시킨다.

07 **중간발효** : 비닐을 덮어서 상온에서 10분 정도 중간발효시킨다.

08 정형 : 중간발효가 끝나면 스틱모양으로 길게 펴서 35~40cm 정도의 일정한 길이로 밀어준다.

09 팬닝 : 일정한 간격으로 평철판에 팬닝한다.

| 2차발효 및 굽기 |

10 2차발효 : 온도 35℃, 상대습도 85~90%의 발효실에서 20분~30분 발효시킨다.

11 굽기 : 윗불 200℃, 아랫불 150℃ 오븐에서 15분~20분 정도 구워준다.

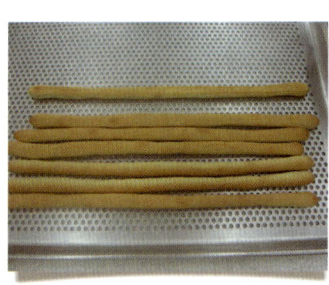

12 냉각 : 굽기가 완료된 후 즉시 냉각팬에 올려 냉각시킨다.

합격 TIP

① **부피** : 적정한 부피감을 가지며 부풀어 오른 비율이 알맞아야 한다.
② **균형** : 어느 한쪽이 찌그러짐이 없이 윗면의 중앙이 대칭을 이루고, 균일한 스틱모양으로 균형이 잘 잡혀야 한다.
③ **껍질** : 전체적으로 밝은 갈색을 띠며, 표면에 반점과 기포자국이 없어야 한다.
④ **내상** : 기공과 조직이 부위별로 균일하며, 너무 크거나 조밀하지 않으며 큰 기공이나 줄무늬가 없어야 한다.
⑤ **맛과 향** : 그리시니의 특유의 맛과 발효향을 지녀야 하며, 고유의 풍미와 식감 이외에 끈적거림, 탄 냄새, 생재료 맛이 없어야 한다.

달콤한 커스터드크림이 들어 있는

14 단과자빵
(크림빵) Cream Bread

시험시간 3시간 30분

요구사항

단과자빵(크림빵)을 제조하여 제출하시오.

1) 배합표의 각 재료를 계량하여 재료별로 진열하시오.(9분)
2) 반죽은 스트레이트법으로 제조하시오.
   (단, 유지는 클린업 단계에 첨가하시오.)
3) 반죽의 온도는 27℃를 표준으로 하시오.
4) 반죽 1개의 분할무게는 45g, 1개당 크림 사용량은 30g으로 제조하시오.
5) 제품 중 12개는 크림을 넣은 후 굽고, 12개는 반달형으로 크림을 충전하지 말고 제조하시오.
6) 남은 반죽은 감독위원의 지시에 따라 별도로 제출하시오.

- 반죽 제법 : 스트레이트법
- 반죽 온도 : 27±1℃
- 반죽 단계 : 100% (최종단계)
- 분할 중량 : 반죽 45g, 크림 30g

배합표

비율(%)	재료명	무게(g)
100	강력분	800
53	물	424
4	이스트	32
2	제빵개량제	16
2	소금	16
16	설탕	128
12	쇼트닝	96
2	분유	16
10	달걀	80
201	계	1,608
(1개당 30g)	커스터드 크림	360

※ 충전용 재료는 계량시간에서 제외

합격 Point

1) 반죽을 타원형으로 밀어펴서 크림이 반죽의 중앙에 자리 잡아야 하고, 양이 일정해야 한다.
2) 성형한 반죽은 반달모양이 되도록 한다.
3) 커스터드 크림 만들기
   - 우유 1000g, 난황 150, 설탕 250, 콘스타치 100, 버터 60, 바닐라 2, 럼주 30
   - 우유 900g, 커스터드 크림 분말 300g, 럼주 30

RECIPE

재료계량 ➡ 믹싱 ➡ 1차발효 ➡ 성형 ➡ 팬닝 ➡ 2차발효 ➡ 굽기 ➡ 냉각

| 믹싱 및 1차발효 |

01 믹싱볼에 쇼트닝을 제외한 전 재료를 투입하여 저속으로 믹싱을 하다가 건조재료가 혼합되면, 중고속으로 믹싱을 한다.

02 반죽이 클린업 단계가 되면 쇼트닝을 믹싱볼 바닥에 투입하고 저속, 중속 순으로 분산시킨다.

03 믹싱종점 100% : 반죽을 더욱 발전시켜서, 반죽을 손으로 잡아 당겨보아 끊어지지 않으면서, 잘 신전이 되고 적당한 탄력이 있는 반죽 상태를 확인하고 믹싱을 종료한다.

04 반죽을 가지런하게 둥글리기를 해서 반죽온도(27℃)를 측정한다.

05 1차발효 : 건조방지를 위하여 비닐로 반죽을 감싸서 온도 27℃, 상대습도 75~80%의 발효실에서 60분 동안 발효시킨다.

커스터드크림 준비 : 1차발효가 진행되는 동안 커스터드 크림을 준비한다.

| 성형 |

06 분할 및 둥글리기 : 1차 발효가 완료되면 45g 씩 반죽을 손분할하고 둥글리기를 한다.

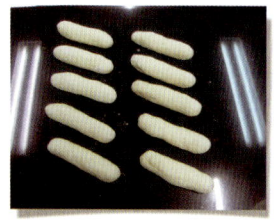
07 중간발효 : 비닐을 덮어서 상온에서 10분 정도 중간 발효시킨 후 다시 스틱형으로 처리하여 5분 정도 휴지시킨다.

| 정형 : 밀대, 커스터드 크림, 주걱, 덧가루, 식용유 준비 |

08-1 정형하기-크림충전형 12개 : 밀대로 앞뒤로 밀어서 가스를 뺀 다음 길이 15cm, 폭 7~8cm의 긴 타원형으로 늘려 준다.

08-2 주걱으로 커스터드 크림 30g 정도를 반죽 가운데에 올린다. 반달형으로 접어 가운데를 살짝 눌러준 후 스크레이퍼로 끝부분을 1.5cm 길이로 5군데 잘라 준다.

  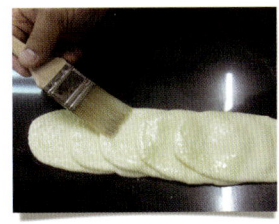 

09-1 정형하기-크림비충전형(반달형) 12개 : 밀대로 앞뒤로 밀어서 가스를 뺀 다음 길이 15cm, 폭 7~8cm의 긴 타원형으로 늘려준다.

09-2 긴 타원형의 반죽을 덧가루를 살짝 뿌리고 겹쳐 올려 놓은 후 붓으로 반죽의 끝 부위에 식용유를 바르고, 윗부분이 조금 더 길게 나오도록 반달모양으로 접는다.

10 팬닝 : 한 팬에 12개 정도를 일정하게 팬닝한 후, 손으로 살짝 눌러준다.

| 2차발효 및 굽기 |

11 2차발효 : 온도 35℃, 상대습도 85~90%의 발효실에서 40~50분 동안 발효시킨다(팬 흔들기로 다소 출렁일 때까지 발효시킨다). 표면이 거칠다면 습도가 높거나 발효가 오랜된 것이다.

12 굽기(윗불/아랫불) : 185/150℃, 12~13분, 크림충전형 반죽은 크림비충전형 반죽보다 조금 더 길게 굽는다. 굽는 도중에 색깔이 보이면 고른 색깔을 위해 철판을 한 번 돌려 준다.

13 냉각 : 굽기 완료 후 즉시 냉각팬에 올려 냉각시킨다.

14 마무리 : 크림 비충전형빵(반달형)은 식혀서, 접힌 부분을 벌려 커스터드 크림을 30g씩 충전하여 제품을 완성한다.

합격 TIP

① **부피** : 부피가 알맞고 모양이 균일해야 한다.
② **균형** : 찌그러짐이 없이 균일한 모양으로 대칭을 이루고 균형이 잘 잡혀야 한다. 반달 모양의 윗면과 아랫면이 잘 맞아야 한다.
③ **껍질** : 껍질이 두껍거나 질기지 않으며 전체적으로 고른 색깔이 나고 황금 갈색으로 띄어야 한다. 표면에 색깔이 고르며 반점과 기포 자국, 줄무늬 등이 남지 않아야 한다.
④ **내상** : 커스터드 크림이 중앙에 위치하고 옆으로 새어 나오지 않아야 한다. 기공과 조직이 부위별로 고르며 부드러워야 한다.
⑤ **맛과 향** : 커스터드 크림이 은은한 발효향과 조화를 이루고 속결이 부드러우며, 크림빵 특유의 맛과 향 이외의 끈적거림, 탄 냄새, 생재료 맛 등이 없어야 한다.

든든한 아침 식사로 딱~

15 단팥빵
(비상스트레이트법)
Red Bean Bread

시험시간 3시간

요구사항

단팥빵(비상스트레이트법)를 제조하여 제출하시오.

1) 배합표의 각 재료를 계량하여 재료별로 진열하시오.(9분)
2) 반죽은 비상스트레이트법으로 제조하시오.
   (단, 유지는 클린업 단계에 첨가하고, 반죽온도는 30℃로 한다)
3) 반죽 1개의 분할 무게는 50g, 팥앙금 무게는 40g으로 제조하시오.
4) 반죽은 전량을 사용하여 성형하시오.

- 반죽 제법 : 비상스트레이트법
- 반죽 온도 : 30±1℃
- 반죽 단계 : 120%(최종단계후기)
- 분할 중량 : 반죽 50g, 팥앙금 40g

배합표

비율(%)	재료명	무게(g)
100	강력분	900
48	물	432
7	이스트	63(64)
1	제빵개량제	9(8)
2	소금	18
16	설탕	144
12	마가린	108
3	탈지분유	27(28)
15	달걀	135(136)
204	계	1,836(1,838)
-	통팥앙금	1,440

※ 충전용 재료는 계량시간에서 제외

합격 Point

1) 팥앙금은 반죽 속 중앙에 위치하고, 위아래로 보이지 않도록 한다.
2) 2차발효 때 반죽이 들뜨는 것을 막기 위해 반드시 가운데를 눌러 구멍을 적당히 내야한다.
3) 달걀물은 노른자 1개에 물 80g을 기준으로 섞어 만든다.
4) 비상스트레이트법의 필수조치만 적용한다.
5) 1차발효는 발효시간을 기준(15~30분)으로 어린 반죽 상태에서 끝낸다.

RECIPE

재료계량 ➡ 믹싱 ➡ 1차발효 ➡ 성형 ➡ 팬닝 ➡ 2차발효 ➡ 굽기 ➡ 냉각

| 믹싱 및 1차발효 |

01 믹싱볼에 마가린을 제외한 전 재료를 투입하여 저속으로 믹싱을 하다가 건조재료가 혼합되면 중고속으로 믹싱을 한다.

02 반죽이 클린업 단계가 되면 마가린을 믹싱볼 바닥에 투입하고 저속, 중속 순으로 분산시킨다.

03 **믹싱종점 120%** : 반죽을 더욱 발전시켜 반죽을 손으로 잡아당겨보아 끊어지지 않으면서, 잘 신전이 되고 적당한 탄력이 있는 반죽 상태를 확인하고 1~2분간 더 믹싱을 하고 종료한다.

04 반죽을 가지런하게 둥글리기를 해서 반죽 온도(30℃)를 측정한다.

| 성형 |

05 **1차발효** : 건조 방지를 위하여 비닐로 반죽을 감싸서 온도 30℃, 상대습도 75~80%의 발효실에서 25~30분 동안 발효시킨다.

06 **분할 및 둥글리기** : 1차발효가 완료되면 50g씩 반죽을 분할하고 공모양으로 둥글리기를 한다.

08-1 **정형하기** : 작업대에 덧가루를 조금 뿌리고 반죽을 적당한 힘으로 밀어펴기를 하여 가스를 빼준다.

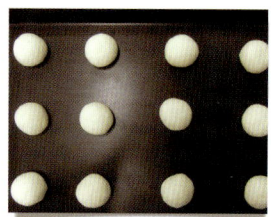

07 **중간발효(벤치타임)** : 상온에서 10분 정도 중간발효시킨다.

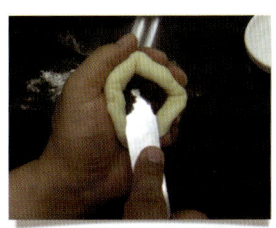

08-2 앙금주걱으로 팥앙금 40g을 싸고, 손가락으로 반죽 끝부분을 집어 봉해 준 후 철판에 팬닝을 한다.

08-3 목란에 덧가루를 살짝 바르고 반죽의 가운데 부분이 오목한 형태로 되도록 눌러서 돌려준다.

08-4 앙금주걱으로 가운데를 두 줄 잘라준다.

09 팬닝 : 이음부위가 바닥을 향하게 팬닝한 후 손으로 반죽의 윗면을 가볍게 눌러 두께를 일정하게 하고 마지막으로 달걀물을 바른다.

| 2차발효 및 굽기 |

10 2차발효 : 온도 35℃, 상대습도 85~90%의 발효실에서 30~35분 동안 발효시킨다.

11 굽기(윗불/아랫불) : 180/155℃, 12~13분

12 냉각 : 굽기 완료 후 즉시 팬에서 꺼내서 냉각팬에서 냉각시킨다.

합격 TIP

① **부피** : 부피가 알맞고 모양이 균일해야 한다.
② **균형** : 찌그러짐이 없이 균일한 모양으로 대칭을 이루고 균형이 잘 잡혀야 한다.
③ **껍질** : 껍질이 얇고 부드러우며 전체적으로 고른 색깔이 나고 황금 갈색으로 띄어야 한다. 표면에 색깔이 고르며 반점과 기포 자국, 줄무늬 등이 남지 않아야 한다.
④ **내상** : 팥앙금이 중앙에 위치하고 위아래 껍질면에 보이지 않아야 한다. 기공과 조직이 부위별로 고르며 부드러워야 한다.
⑤ **맛과 향** : 팥앙금빵 고유의 맛과 향이 은은한 발효향과 조화를 이루고 식감이 부드러우며, 팥앙금빵 맛과 향 이외의 끈적거림, 탄 냄새, 생재료 맛 등이 없어야 한다.

샌드위치용 식빵

16 풀만식빵
Pullman Bread

 시험시간 3시간 40분

요구사항

풀만식빵을 제조하여 제출하시오.

1) 배합표의 각 재료를 계량하여 재료별로 진열하시오.(9분)
2) 반죽은 스트레이트법으로 제조하시오.
   (단, 유지는 클린업 단계에 첨가하시오.)
3) 반죽 온도는 27℃를 표준으로 하시오.
4) 표준분할무게는 250g으로 하고, 제시된 팬의 용량을 감안하여 결정하시오.
   (단, 분할무게×2를 1개의 식빵으로 함)
5) 반죽은 전량을 사용하여 성형하시오.

- 반죽 제법 : 스트레이트법
- 반죽 온도 : 27±1℃
- 반죽 단계 : 100% (최종단계)
- 분할 중량 : 반죽 250g

배합표

비율(%)	재료명	무게(g)
100	강력분	1,400
58	물	812
4	이스트	56
1	제빵개량제	14
2	소금	28
6	설탕	84
4	쇼트닝	56
5	달걀	70
3	분유	42
183	계	2,562

합격 Point

1) 풀만 식빵의 틀은 폭이 넓고 높이가 높은 대신 길이가 짧으므로, 반죽 성형시 더 길고 넓게 밀어편다.
2) 2차발효의 정도는 시간보다 틀높이로 조절한다. (팬의 80%까지만 발효시킨다)
3) 보통 식빵보다 5~10분 정도 더 굽는다. 모든 면이 색이 고루 나야 한다.
4) 뚜껑은 2차발효가 끝난 후 오븐에 넣기 직전에 씌운다.

RECIPE
재료계량 ➡ 믹싱 ➡ 1차발효 ➡ 성형 ➡ 팬닝 ➡ 2차발효 ➡ 굽기 ➡ 냉각

| 믹싱 및 1차발효 |

01 믹싱볼에 쇼트닝을 제외한 전 재료를 투입하여 저속으로 믹싱을 하다가 건조재료가 혼합되면, 중고속으로 믹싱을 한다.

02 반죽이 클린업 단계가 되면 쇼트닝을 믹싱볼 바닥에 투입하고 저속, 중속 순으로 분산시킨다.

03 믹싱종점 100% : 반죽을 더욱 발전시켜 반죽을 손으로 잡아 당겨보아 끊어지지 않으면서, 잘 신전이 되고 적당한 탄력이 있는 반죽 상태를 확인하고 믹싱을 종료한다.

04 반죽을 가지런하게 둥글리기를 해서 반죽온도(27℃)를 측정한다.

05 1차발효 : 건조방지를 위하여 비닐로 반죽을 감싸서 온도 27℃, 상대습도 75~80%의 발효실에서 60분 동안 발효시킨다.

| 성형 |

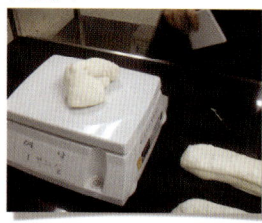

06 분할 및 둥글리기 : 1차발효가 완료되면 250g씩 반죽을 분할하고 둥글리기를 한다.

07 중간발효(벤치타임) : 상온에서 15분~20분 정도 중간 발효를 시킨다.

08-1 정형하기 : 작업대에 덧가루를 조금 뿌리고 반죽을 적당한 힘으로 밀어펴기를 하여 가스를 빼준다.

08-2 반죽을 3겹 접기를 하고 가운데를 손바닥으로 가볍게 눌러준다.

08-3 손끝으로 반죽을 가볍게 말아 주고, 봉합부분을 손가락으로 집어서 봉해준다.

09 풀만식빵팬에 2개씩 넣고, 손으로 반죽의 윗면을 가볍게 눌러서 일정한 간격이 되도록 한다.

| 2차발효 및 굽기 |

10 **2차발효** : 온도 35℃, 상대습도 85~90%의 발효실에서 40~50분 동안 발효시킨다(반죽상태 : 풀만 식빵팬 높이보다 1cm 정도 낮게 올라오는 시점까지 발효시킨다).

> 발효시간이 길어지면 자국이 남을 수 있으므로 주의한다.

11 전용팬의 뚜껑을 덮고 오븐에 넣는다.

12 **굽기(윗불/아랫불)** : 170/180℃, 15분 → 155/155℃, 20~25분

13 **냉각** : 굽기 완료 후 즉시 팬에서 꺼내서 냉각팬에서 냉각시킨다.

합격 TIP

① **부피** : 부피가 알맞고 모양이 균일해야 한다. 반죽의 부풀림이 많거나 작아서 팬에서 넘치거나 모서리에 빈 틈이 생기지 않아야 한다.

② **균형** : 찌그러짐이 없이 균일한 모양으로 대칭을 이루어야 한다.

③ **껍질** : 껍질이 얇고 부드러우며 전체적으로 고른 색깔이 나고 밝은 갈색으로 띄어야 한다. 표면에 반점과 기포 자국이 남지 않고 황금 갈색을 띠어야 한다.

④ **내상** : 기공과 조직이 전체적으로 고르며 부드러워야 한다. 너무 조밀하거나 크고 거친 기공이나 줄무늬가 없이 밝은 내색상을 지녀야 한다.

⑤ **맛과 향** : 식감이 부드러우며 끈적거림이 없이 은은한 발효향이 조화를 이루고, 풀만 식빵 고유의 맛과 향 이외의 탄 냄새나 익지 않은 생재료 취 등 이미와 이취 등이 없어야 한다.

17 소시지빵

출출할 때 먹으면 든든한

Sausage Buns

시험시간 3시간 30분

요구사항

소시지빵을 제조하여 제출하시오.

1) 반죽 재료를 계량하여 재료별로 진열하시오.(10분)
   (토핑 및 충전물 재료의 계량은 휴지시간을 활용하시오.)
2) 반죽은 스트레이트법으로 제조하시오.
3) 반죽온도는 27℃를 표준으로 하시오.
4) 반죽 분할무게는 70g씩 분할하시오.
5) 완제품(토핑 및 충전물 완성)은 12개 제조하여 제출하고
   남은 반죽은 감독위원이 지정하는 장소에 따로 제출하시오.
6) 충전물은 발효시간을 활용하여 제조하시오.
7) 정형 모양은 낙엽모양 6개와 꽃잎모양 6개씩 2가지로 만들어서 제출하시오.

- 반죽 제법 : 스트레이트법
- 반죽 온도 : 27±1℃
- 분할 중량 : 70g

배합표

반죽

비율(%)	재료명	무게(g)
80	강력분	560
20	중력분	140
4	생이스트	28
1	제빵개량제	6
2	소금	14
11	설탕	76
9	마가린	62
5	탈지분유	34
5	달걀	34
52	물	364
189	계	1,318

토핑 및 충전물

비율(%)	재료명	무게(g)
100	프랑크소시지	(480)
72	양파	336
34	마요네즈	158
22	피자치즈	102
24	케찹	112
252	계	1,188

※ 충전용 재료는 계량시간에서 제외

합격 Point

1) 2차발효를 **다른 빵에 비해 덜해준다**.
2) 정형시 일정한 간격으로 잘라주어 모양을 잡아준다.

RECIPE

재료계량 ➡ 믹싱 ➡ 1차발효 ➡ 성형 ➡ 팬닝 ➡ 2차발효 ➡ 토핑 ➡ 굽기 ➡ 냉각

| 믹싱 및 1차발효 |

01 강력분, 중력분, 제빵개량제, 분유를 체질한다.

02 믹싱볼에 마가린을 제외한 모든 재료를 담아 저속으로 믹싱하다가 건조재료가 혼합되면 중고속으로 믹싱한다.

03 반죽이 클린업단계가 되면 마가린을 넣고 저속, 중속 순으로 믹싱한다.

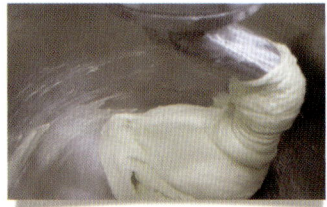

04 **믹싱종점 100%** : 반죽을 발전시켜 탄력성과 신장성있는 최종단계의 반죽상태를 확인하고 믹싱을 종료한다.

05 믹싱 완료된 반죽을 매끈하게 정리하여 반죽온도(27℃)를 체크한다.

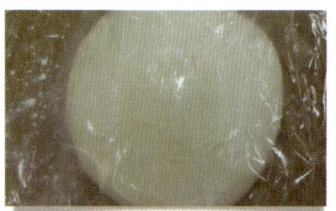

06 **1차발효** : 반죽을 스텐볼이나 나무틀에 담아 비닐을 덮고 발효실에서 온도 27℃, 상대습도 75~80%로 50분~1시간 동안 발효시킨다.

| 성형(링모양) |

07 **분할 및 둥글리기** : 1차 발효가 완료되면 70g씩 반죽을 분할하고 둥글리기한다.

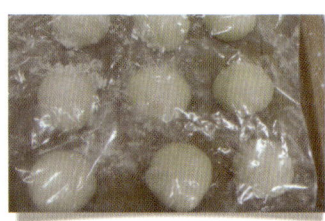

08 **중간발효** : 비닐을 덮어서 상온에서 10분 정도 중간발효시킨다.

| 정형 |

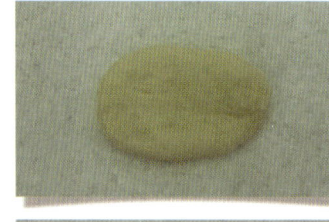

09-1 **정형(낙엽모양)** : 손으로 반죽의 가스를 빼고 프랑크 소시지를 감싸준 후 가위를 이용하여 일정한 간격으로 잘라 지그재그로 엇갈려 젖혀준다.

09-2 정형(꽃잎모양) : 손으로 반죽의 가스를 빼고 프랑크 소시지를 감싸준 후 가위를 이용하여 일정한 간격으로 잘라 꽃잎모양으로 동그랗게 만들어준다.

10 팬닝 : 평철판에 6개씩 2개의 팬에 팬닝한다.

| 2차발효 및 굽기 |

11 2차발효 : 온도 35℃, 상대습도 85~90%의 발효실에서 30~40분 동안 발효시킨다.

12-1 토핑얹기 : 양파는 잘게 자르고, 마요네즈와 케찹은 짤주머니에 담아둔다.

12-2 2차발효된 반죽 위에 야채충전물(양파, 피자치즈, 마요네즈)을 올리고 마요네즈와 케찹을 지그재그로 짜준다.

13 굽기 : 윗불 190℃, 아랫불 160℃ 오븐에서 15~20분 정도 구워준다.

14 냉각 : 굽기가 완료된 후 즉시 냉각팬에 올려 냉각시킨다.

합격 TIP

① **부피** : 적정한 부피감을 가지며 부풀어 오른 비율이 알맞아야 한다.
② **균형** : 어느 한쪽의 찌그러짐이 없이 윗면의 중앙이 대칭을 이루고, 균일한 모양으로 균형이 잘 잡혀야 한다.
③ **껍질** : 전체적으로 밝은 갈색을 띠며 옆면, 밑면도 적절한 색이 나야 한다.
④ **내상** : 기공과 조직이 부위별로 균일하며, 너무 크거나 조밀하지 않으며 큰 기공이나 줄무늬가 없어야 한다.
⑤ **맛과 향** : 소시지와 토핑과의 조화로운 맛이 나야 하며 끈적거림, 탄 냄새, 생재료 맛이 없어야 한다.

저칼로리의 담백한 맛

18 베이글
Bagel

시험시간 3시간 30분

요구사항

베이글을 제조하여 제출하시오.

1) 배합표의 각 재료를 계량하여 재료별로 진열하시오.(7분)
2) 반죽은 스트레이트법으로 제조하시오.
3) 반죽 온도는 27℃를 표준으로 하시오.
4) 1개당 분할중량은 80g으로 하고 링모양으로 정형하시오.
5) 반죽은 전량을 사용하여 성형하시오.
6) 2차발효 후 끓는 물에 데쳐 팬닝하시오.
7) 팬 2개에 완제품 16개를 구어 제출하시오.

- 반죽 제법 : 스트레이트법
- 반죽 온도 : 27±1℃
- 분할 중량 : 80g

배합표

비율(%)	재료명	무게(g)
100	강력분	800
55~60	물	440~480
3	이스트	24
1	제빵개량제	8
2	소금	16
2	설탕	16
3	식용유	24
166~171	계	1,328~1,368

합격 Point

1) 2차발효 후 살짝 데쳐 반죽표면의 전분을 호화시켜 겉은 단단하지만 속은 쫄깃하고 부드럽도록 제조하여야 한다.
2) 정형시 일정한 두께로 밀어 펴야 하며 이음매 부분 봉합이 잘 되어야 한다.

RECIPE

재료계량 ➡ 믹싱 ➡ 1차발효 ➡ 성형 ➡ 팬닝 ➡ 2차발효 ➡ 데치기 ➡ 굽기 ➡ 냉각

| 믹싱 및 1차발효 |

01 강력분, 제빵개량제를 체질한다.

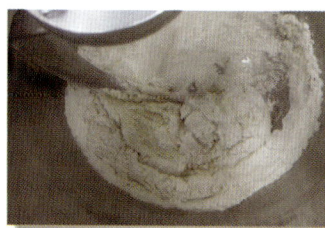

02 믹싱볼에 모든 재료를 담아 저속으로 믹싱하다가 건조재료가 혼합되면 중고속으로 믹싱한다.

03 **믹싱종점 100%** : 반죽을 발전시켜 탄력성과 신장성있는 최종단계의 반죽상태를 확인하고 믹싱을 종료한다.

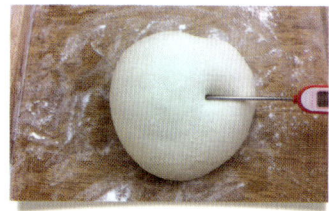

04 믹싱이 완료된 반죽을 매끈하게 정리하여 반죽온도(27℃)를 체크한다.

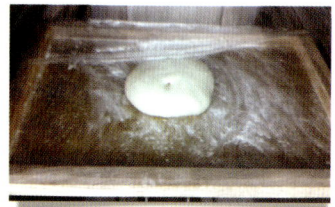

05 **1차발효** : 반죽을 스텐볼이나 나무틀에 담아 비닐을 덮고 발효실에서 온도 27℃, 상대습도 75~80% 정도로 50분~1시간 동안 발효시킨다.

| 성형 |

06 **분할 및 둥글리기** : 1차발효가 완료되면 80g씩 반죽을 분할하고 둥글리기하여 스틱모양으로 휴지시킨다.

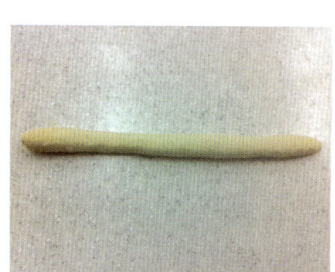

07 **중간발효** : 비닐을 덮어서 상온에서 10분 정도 중간발효시킨다.

| 정형(링모양) |

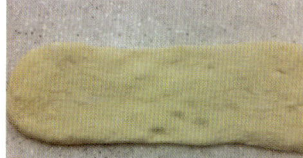
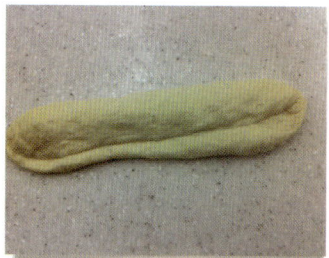
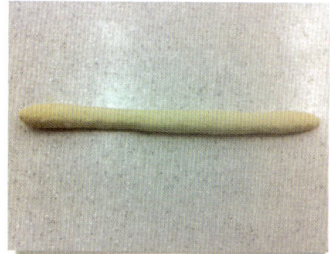
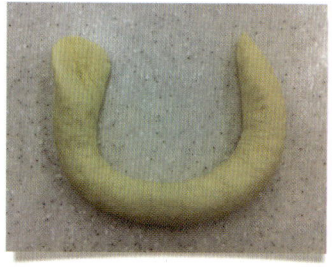

08 손으로 반죽의 가스를 뺀 후 2~3번에 걸쳐 말아준 후 20cm 막대형으로 만들어준다. 이렇게 만든 막대형의 한쪽 끝을 손바닥으로 눌러 납작하게 한다.

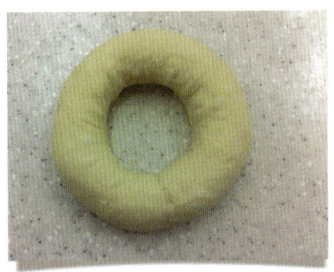

09 베이글 반죽을 동그랗게 말아 납작한 반죽 위에 동그란 반죽을 얹고 감싸듯이 말아준 후 이음매 부분을 풀리지 않게 봉합한다.

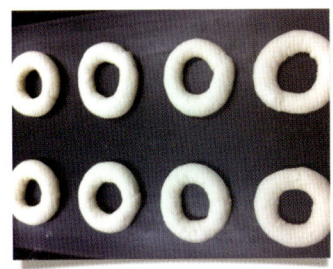

10 팬닝 : 평철판에 8개씩 2개의 팬에 팬닝한다.

| 2차발효 및 데치기, 굽기 |

> 발효가지나치지 않게 주의한다.

11 2차발효 : 온도 35℃, 상대습도 85~90%의 발효실에서 20분 동안 발효시킨다.

12 데치기 : 2차발효된 반죽을 90℃의 물에서 10~20초 정도 앞뒤로 데친다.

13 굽기 : 윗불 190℃, 아랫불 160℃ 오븐에서 20분 내외로 구워준다.

14 냉각 : 굽기가 완료된 후 즉시 냉각팬에 올려 냉각시킨다.

합격 TIP

① **부피** : 적정한 부피감을 가지며 부풀어 오른 비율이 알맞아야 한다.
② **균형** : 어느 한쪽의 찌그러짐이 없이 윗면의 중앙이 대칭을 이루고, 균일한 모양으로 균형이 잘 잡혀야 한다.
③ **껍질** : 전체적으로 밝은 갈색을 띠며 옆면, 밑면도 적절한 색이 나야 한다. 껍질은 딱딱하고 속은 부드러우며 표면에 반점과 기포 자국이 남지 않아야 한다.
④ **내상** : 기공과 조직이 부위별로 균일하며, 너무 크거나 조밀하지 않으며 큰 기공이나 줄무늬가 없어야 한다.
⑤ **맛과 향** : 씹는 촉감은 쫄깃하며 베이글 특유의 구수한 향이 나야 한다. 끈적거림, 탄 냄새, 생재료 맛이 없어야 한다.

19 통밀빵
웰빙 브레드로 좋은
Whole Wheat Bread

시험시간 3시간 30분

요구사항

통밀빵을 제조하여 제출하시오.

1) 배합표의 각 재료를 계량하여 재료별로 진열하시오.(10분)
   (단, 토핑용 오트밀은 계량 시간에서 제외한다.)
2) 반죽은 스트레이트법으로 제조하시오.
3) 반죽 온도는 25℃를 표준으로 하시오.
4) 표준분할무게는 200g으로 하시오.
5) 제품의 형태는 밀대(봉)형(22~23cm)으로 제조하고,
   표면에 물을 발라 오트밀을 보기 좋게 적당히 묻히시오.
6) 8개를 성형하여 제출하고 남은 반죽은 감독위원의 지시에 따라
   별도로 제출하시오.

- 반죽 제법 : 스트레이트법
- 반죽 온도 : 25±1℃
- 반죽 단계 : 80~85%(발전단계)
- 분할 중량 : 200g

배합표

비율(%)	재료명	무게(g)
80	강력분	800
20	통밀가루	200
2.5	이스트	25(24)
1	제빵개량제	10
63~65	물	630~650
1.5	소금	15(14)
3	설탕	30
7	버터	70
3	탈지분유	30
1.5	몰트액	15(14)
181.5~183.5	계	1,812~1,835
-	(토핑용)오트밀	200g

※ 토핑용 재료는 계량시간에서 제외

합격 Point

1) **곡물혼합빵(Variety Bread)의 일반적인 특성** (통밀가루의 함량이 많으면 많을수록)

반죽시간	짧게
반죽되기	단단하게
반죽온도	낮게
1차발효	짧게
분할 중량	많게
2차발효	길게 (팬높이 높게)
보완	활성글루텐 등

2) **반죽온도는 다소 낮게** 한다. 반죽온도가 높으면 반죽이 질어지게 된다.
3) 몰트액은 분산성이 좋지 않으므로 배합수의 일부에 고르게 풀어 사용한다.
4) 오븐팽창이 적으므로 2차 발효를 일반식빵보다 더 부풀게 한다.

RECIPE 　재료계량 ➡ 1차 발효 ➡ 성형 ➡ 팬닝 ➡ 2차 발효 ➡ 굽기 ➡ 냉각

| 믹싱 및 1차발효 |

01 강력분, 통밀가루, 탈지분유, 제빵개량제를 체를 이용하여 체질한다.

02 몰트액은 배합수의 일부에 고르게 풀어 사용하며, 버터를 제외한 모든 재료를 믹싱볼에 담아 1단으로 고루 혼합한다.

03 한 덩어리가 되는 클린업 단계에서 버터를 넣고 버터가 풀어지도록 돌린다.

04 믹싱종점 80~85%

- 발전단계인 2단에서 믹싱한 후 건조방지를 위해 비닐로 반죽을 덮고 온도 27℃, 상대습도 75~80%의 발효실에서 45~50분간 1차 발효를 한다.
- 통밀가루는 글루텐을 형성하는 단백질 함량이 적으므로 믹싱시간, 1차 발효시간을 일반 빵반죽에 비해 약간 줄인다. 한편, 반죽온도, 반죽상태, 발효실의 성능에 따라 발효시간이 달라질 수 있다.

| 성형하기 |

05 **분할 및 둥글리기** : 1차 발효가 완료되면 200g씩 8개를 분할하여 둥글리기하고, 실온에서 15~20분 정도 중간발효(벤치타임)시킨다.

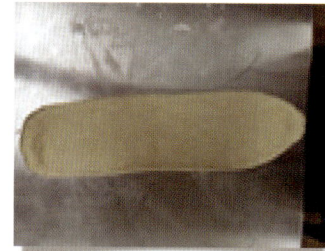
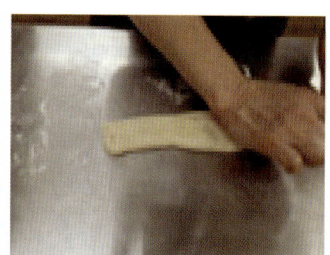
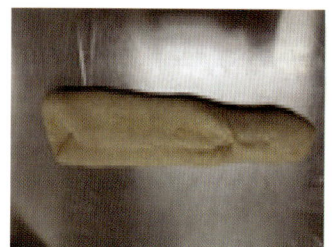

06 **성형하기** : 밀대로 밀어펴기한 후 3겹 접기 → 봉해주기(밀대형 22~23cm)

07 표면에 물을 바르고 오트밀을 보기 좋게 적당히 묻힌다.

08 팬닝 및 2차발효 : 평철판에 팬닝하고 온도 35℃, 습도 85~90%의 발효실에서 30분간 발효시킨다.

09 굽기 : 윗불 180℃, 아랫불 150℃ 오븐에서 25~30분 정도 굽는다.

10 냉각 : 굽기 완료 후 즉시 팬에서 꺼내서 냉각팬에서 냉각한다.

합격 TIP

① **부피** : 팬 위로 부풀어 오른 비율이 알맞아야 한다.
② **균형** : 찌그러짐 없이 균일한 모양으로 좌우 대칭을 이루어야한다.
③ **껍질** : 전체적으로 색이 고르게 나야하며 오트밀이 고루 분포되어야 한다. 또한 표면에 반점과 기포자국이 없어야 한다.
④ **내상** : 기공과 조직이 전체적으로 고르며 부드러워야 한다.
⑤ **맛과 향** : 식감이 딱딱하거나 눅눅하지 않고 부드러우며, 구수한 통밀 향과 오트밀이 조화를 이루며 통밀의 고유한 맛과 향 이외의 이미와 이취 등이 없어야 한다.

웰빙 음식으로 사랑받는
20 호밀빵
Rye Bread

시험시간 3시간 30분

요구사항

호밀빵을 제조하여 제출하시오.

1) 배합표의 각 재료를 계량하여 재료별로 진열하시오.(10분)
2) 반죽은 스트레이트법으로 제조하시오.
3) 반죽온도는 25℃를 표준으로 하시오.
4) 표준분할무게는 330g으로 하시오.
5) 제품의 형태는 타원형(럭비공 모양)으로 제조하고, 칼집모양을 가운데 일자로 내시오.
6) 반죽은 전량을 사용하여 성형하시오.

- 반죽 제법 : 스트레이트법
- 반죽 온도 : 25±1℃
- 반죽 단계 : 90~95%(최종단계)
- 분할 중량 : 330g

배합표

비율(%)	재료명	무게(g)
70	강력분	770
30	호밀가루	330
3	이스트	33
1	제빵개량제	11(12)
60~65	물	660~715
2	소금	22
3	황설탕	33(34)
5	쇼트닝	55(56)
2	탈지분유	22
2	몰트액	22
178~183	계	1,958~2,016

합격 Point

1) 곡물혼합빵(Variety Bread)의 일반적인 특성 (호밀가루의 함량이 많으면 많을수록)

반죽시간	짧게
반죽되기	단단하게
반죽온도	낮게
1차발효	짧게
분할 중량	많게
2차발효	길게 (팬높이 높게)
보완	활성글루텐 등

2) 반죽온도는 다소 낮게 한다. 반죽온도가 높으면 반죽이 질어지게 된다.
3) 황설탕과 당밀은 분산성이 좋지 않으므로 배합수의 일부를 고르게 풀어 사용한다.
4) 오븐 팽창이 적으므로 2차발효를 일반 식빵보다 더 부풀린다.

RECIPE
재료계량 ➡ 믹싱 ➡ 1차발효 ➡ 성형 ➡ 팬닝 ➡ 2차발효 ➡ 굽기 ➡ 냉각

| 믹싱 및 1차발효 |

01 믹싱볼에 쇼트닝을 제외한 전 재료를 투입하여 저속으로 믹싱을 하다가 건조 재료가 혼합되면 중고속으로 믹싱을 한다. 황설탕과 몰트액은 물에 고르게 풀어 사용한다.

02 반죽이 클린업 단계가 되면 쇼트닝을 믹싱볼 바닥에 투입하고 저속, 중속 순으로 분산을 시킨다.

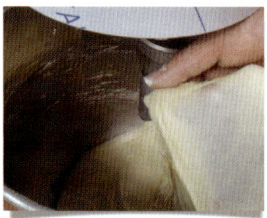

03 믹싱종점 90~95% : 반죽을 더욱 발전시켜 반죽을 손으로 잡아당겨보아 끊어지지 않으면서, 잘 신전이 되고 적당한 탄력이 있는 반죽 상태를 확인하고 믹싱을 종료한다.

04 반죽을 가지런하게 둥글리기를 해서 반죽온도(25℃)를 측정한다.

| 성형 |

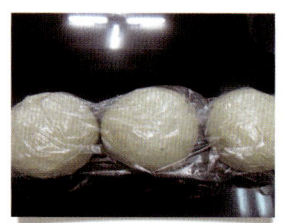

05 1차발효 : 건조 방지를 위하여 비닐로 반죽을 감싸서 온도 27℃, 상대습도 75~80%의 발효실에서 45~50분 동안 발효시킨다.

06 분할 및 둥글리기 : 1차발효가 완료되면 330g씩 반죽을 분할하고 둥글리기를 한다.

07 중간발효(벤치타임) : 상온에서 15~20분 정도 중간발효시킨다.

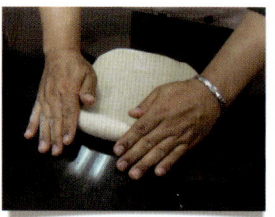

08-1 반죽을 밀대로 밀어 큰 가스를 빼주고 긴 삼각형 모양을 만든다.

08-2 밀어 편 반죽을 손바닥으로 일정한 힘으로 가볍게 말아준다.

08-3 　봉합 부분을 손가락으로 집어서 잘 봉해서 일직선이 되도록 이음매를 정리하여 타원형으로 만든다.

09 　**팬닝하기** : 한 철판에 2~3개씩 팬닝하고, 손으로 반죽의 윗면을 가볍게 눌러서 반죽이 좌우 대칭의 균형이 잘 잡히도록 한다.

| 2차발효 및 굽기 |

10 　**2차발효** : 온도 35℃, 상대습도 85~90%의 발효실에서 50분 동안 발효시킨다.

11 　**칼집넣기** : 1분 정도 건조시킨 후, 커터칼로 칼집모양을 3mm 깊이로 가운데 일자로 넣고, 호밀가루를 뿌려준다.

12 　**굽기(윗불/아랫불)** : 170/180℃, 15분 → 155/155℃, 15분

13 　**냉각** : 굽기 완료 후 즉시 팬에서 꺼내서 냉각팬에서 냉각시킨다.

 TIP

① **부피** : 팬 위로 부풀어 오른 비율이 알맞아야 한다. 오븐팽창이 작으므로 무게가 다소 무겁다.

② **균형** : 찌그러짐이 없이 균일한 모양으로 대칭을 이루어야 한다.

③ **껍질** : 껍질이 얇고 부드러우며 전체적으로 고른 색깔이 나야 한다. 표면에 반점과 기포 자국, 줄무늬가 남지 않아야 한다.

④ **내상** : 기공과 조직이 전체적으로 고르며 부드러워야 한다. 호밀가루의 색이 전체 고르게 나타나야 하며 너무 조밀하거나 크고 거친 기공이나 줄무늬가 없어야 한다.

⑤ **맛과 향** : 호밀가루 때문에 다소 거친 저작감이 나지만 끈적거림이 없이 은은한 발효향과 조화를 이루고 호밀가루 특유의 맛과 향 이외의 탄 냄새나 익지 않은 생재료 취 등 이미와 이취 등이 없어야 한다.

anytime, anywhere
Take Out!

제과제방
기능사 실기
핵심요약노트

언제 어디서든 항상 휴대하셔서 과제별 제조공정을 익히며, 머리로 과정을 떠올려 보세요!

01 과일 케이크 크림법+별립법

01. 크림반죽 : 마가린에 설탕, 소금을 넣어 크림화한 후 노른자를 투입하여 반죽
02. 머랭 : 흰자에 설탕을 넣어 휘핑하여 머랭 만들기
03. 크림반죽과 머랭을 섞고, 밀가루를 버무린 과일을 섞어준다.
04. 흰자는 설탕을 넣어가며 머랭을 올린다.
05. 박력분, 베이킹파우더, 바닐라향을 넣어 혼합하여 반죽하고 머랭반죽을 1/3씩 넣어 섞고, 우유를 혼합한다.
06. 굽기 : 180/155℃, 15분 → 155/155℃, 20~25분

03 마데라(컵)케이크 크림법

01. 호두는 로스팅, 건포도는 포도주에 담그기
02. 버터를 부드럽게 풀다가 설탕, 소금 투입
03. 노른자, 흰자 순으로 투입해서 부드러운 크림 만들기
04. 가루 투입하고 호두, 건포도 넣기
05. 포도주 넣기
06. 짤주머니에 반죽을 담고 팬 부피의 80% 채우기
07. 적포도주 퐁당 만들기
08. 굽기 : 180/160℃, 15분 → 150/150℃, 5분 → 퐁당바르기, 200/140℃, 2~3분

05 버터스펀지 케이크 공립법

01. 믹싱볼에 달걀 풀기
02. 소금, 설탕을 넣고 휘퍼의 자국이 남는 연한 미황색이 될 때까지 휘핑한다.
03. 체질한 가루 투입
04. 반죽의 일부를 덜어서 60℃ 정도의 용해 버터와 섞은 후 본 반죽에 신속히 투입한다.
05. 굽기 : 175/150℃, 15분 → 150/150℃, 10~15분

07. 버터 쿠키 크림법, 수작업

01. 버터 부드럽게 풀기
02. 설탕, 소금을 넣고 크리밍한 후 노른자부터 흰자순으로 달걀 투입하여 크림 상태로 만든다.
03. 체친 가루 혼합
04. 성형 : 요구하는(8자, 장미) 모양으로 짜기
05. 굽기 : 185/140℃, 10~12분

09 소프트롤 케이크 별립법

01. 믹싱볼에 노른자를 넣고 풀어준 후 노른자용 설탕, 소금, 물엿을 넣고 미황색이 될 때까지 믹싱한 후 물을 조금씩 투입
02. 흰자는 설탕을 넣고 머랭 만들기
03. 01에 머랭 1/3 정도 → 체친 가루 → 반죽의 일부와 식용유 혼합해서 본반죽에 섞기 → 나머지 머랭 순으로 혼합
04. 팬에 담은 후 소량의 반죽과 캐러멜 색소를 혼합한 액으로 무늬 넣기
05. 굽기 : 170/150℃, 15분 → 150/150℃, 10~15분

11 슈 슈반죽법, 수작업

01. 볼에 버터, 소금, 물을 넣고 충분히 끓이기
02. 불을 낮추고 체친 가루 넣고 호화시키기
03. 식힌 후 달걀을 넣어 가며 되기 조절
04. 원형 1cm 깍지로 직경 3cm 정도의 동심원으로 짜기
05. 표면이 완전히 젖도록 물 뿌리기
06. 굽기 : 180/190℃, 15분 → 170/160℃, 5~10분
07. 냉각 후 충전하기

04 마드레느 1단계법, 수작업

01. 버터 중탕
02. 레몬껍질 잘게 썰기
03. 체친가루, 소금, 설탕을 넣고 계란을 넣어 혼합
04. 버터와 레몬껍질을 넣어 혼합 후 실온에서 20분 휴지
05. 팬닝 : 마드레느팬에 버터 바르고 밀가루를 뿌려 털어내고 80% 짜기
06. 굽기 : 160/130℃, 15~18분

02 다쿠와즈 머랭법

01. 가루 체질
02. 흰자에 설탕을 나눠 넣어 가며 95~100% 머랭 올리기
03. 가루 혼합
04. 평철판에 유산지를 깔고 다쿠와즈 틀 놓기
05. 1cm 원형깍지로 반죽을 짜 넣는다.
06. 스크래퍼를 이용해서 윗면을 정리한 후 틀을 들어낸다.
07. 고운 체를 이용해서 분당을 뿌린다.
08. 굽기 : 180/140℃, 15분

08 흑미롤 케이크 공립법

01. 가루 체질(박력쌀가루, 흑미쌀가루, 베이킹파우더)
02. 달걀 풀기 → 설탕, 소금, 물엿 넣고 연한 미황색으로 믹싱
03. 가루 → 우유 순으로 혼합하기
04. 팬에 반죽을 편평하게 담기
06. 굽기 : 180/150℃, 15분 → 150/150℃, 5~10분
07. 구운 시트 윗면에 생크림 바르고 말기

06 버터스펀지 케이크 별립법

01. 가루 체질
02. 버터 중탕 용해
03. 노른자에 설탕, 식염을 넣고 미황색으로 휘핑
04. 흰자에 설탕 넣어 머랭 올리기
05. 04에 머랭 1/3 → 체친 가루 → 반죽 일부와 버터 혼합 → 머랭 순으로 반죽하기
06. 굽기 : 170/155℃, 15분 → 150/150℃, 15분

12 시퐁 케이크 시퐁법

01. 가루 체질
02. 시퐁팬에 스프레이로 물을 뿌려 엎어 놓기
03. 노른자 풀기 → 설탕, 소금 → 물, 식용유, 가루 순으로 혼합하기
04. 흰자에 설탕 넣어 중간피크(85~90%) 머랭 만들기
05. 02에 머랭을 3번 나누어 혼합
06. 전처리한 시퐁팬에 60~70%로 채워서 굽기
07. 굽기 : 180/150℃, 15분 → 150/150℃, 10분
08. 뒤집어서 식힌 후 꺼내기

10 쇼트브레드 쿠키 크림법, 수작업

01. 유지 부드럽게 풀기
02. 설탕 물엿 소금 첨가
03. 달걀 천천히 투입
04. 체친 가루 혼합
05. 냉동고에서 휴지
06. 성형 : 0.7~0.8cm 두께로 밀어 국화틀로 찍기 → 노른자칠, 포크로 무늬내기
07. 굽기 : 180/145℃, 10분

13 초코롤 케이크 공립법

01. 가루 체질(박력분, 코코아파우더, 베이킹소다)
02. 전란 먼저 풀고 설탕, 소금 투입 후 휘핑
03. 가루 혼합 후 물 투입
04. 팬에 반죽을 편평하게 담기
05. 굽기 : 190/140℃, 10~15분
06. 가나슈 만들기
07. 구운 시트 윗면에 가나슈 바르고 말기

15 젤리롤 케이크 공립법

01. 가루 체질
02. 달걀 풀기 → 설탕, 소금, 물엿 넣고 연한 미황색으로 믹싱(중탕)
03. 가루 → 우유 순으로 혼합하기
04. 소량의 반죽에 캐러멜 색소 혼합
05. 팬에 반죽을 편평하게 담고 04번 과정의 색소로 무늬 넣기
06. 굽기 : 175/155℃, 15분 → 155/155℃, 10분
07. 냉각 후 잼 처리하고 말기

17 파운드 케이크 크림법

01. 가루 체질
02. 버터풀기 → 설탕, 소금, 유화제 → 크림화
03. 노른자부터 흰자 순으로 투입
04. 가루, 물 순으로 혼합
05. 팬닝 : 팬 부피의 70%
06. 굽기 : 175/180℃, 15분 → 윗면 터뜨리고 185/185℃, 10분 → 170/160℃, 10~15분

19 치즈케이크 별립법

01. 가루 체질
02. 버터와 크림치즈를 믹싱볼에 넣고 섞기
03. 난황과 설탕 → 중력분과 우유 → 럼주와 레몬주스 순으로 혼합하여 섞기
04. 난백 60% 거품 → 설탕 넣어 머랭 만들기
05. 03에 머랭을 3번 나누어 혼합하여 반죽 완성
06. 팬닝 : 윗지름 7.5cm 높이 4cm 크기 20개가 완성될 수 있도록 팬에 60~70% 채우기
07. 중탕굽기 : 200/150℃, 30분 → 150/150℃, 20~30분
08. 냉각

16 초코머핀 크림법

01. 가루 체질
02. 버터 풀기 → 크리밍(설탕, 식염)
03. 달걀 나누어 투입하며 중속~고속으로 반죽
04. 반죽에 건조재료 혼합 → 물(40~60℃) 혼합
05. 초코칩 투입(반죽 온도 : 24℃)
06. 팬닝 : 머핀컵(60~70% 투입) 22~24개
07. 굽기 : 175/155℃, 15분 → 색 → 150/150℃, 10~15분

14 타르트 크림법, 수작업

01. 가루 체질
02. 버터 풀기 → 설탕, 소금 넣고 중속 반죽하여 크림상태
03. 달걀 크림상태 → 박력분 투입하여 반죽 → 냉각휴지
04. 충전물 만들기 : 버터 풀기 → 설탕 투입하여 크림화 및 달걀 투입, 아몬드분말 투입 및 브랜디 투입
05. 성형 및 팬닝 : 두께 3mm로 원형팬(10~12cm)에 깔고 구멍내기
06. 충전물 짜넣기, 윗면 장식
07. 굽기 : 180/160℃, 15분 → 160/150℃, 10~15분

20 호두파이 손반죽

01. 체를 친 가루와 버터를 스크레이퍼 2개로 분산하기
02. 분산된 재료에 냉수(설탕, 소금 녹임)와 노른자, 생크림을 넣고 반죽하기
03. 냉각 휴지 : 냉장고, 20~30분
04. 충전물 만들기 : 물엿·계피가루 → 달걀·물·설탕 → 체에 거른 후 종이 덮고 10분 정도 재우기)
05. 분할(생산수량 7개) → 0.3cm 두께로 밀어 펴기 → 팬에 깔고 성형(바닥에 구멍)
06. 전처리한 호두분태를 팬에 일정량(35g) 깔고 충전물 채우기(80%)
07. 굽기 : 190/180℃, 15분 → 180/170℃, 15분
08. 냉각

18 브라우니 수작업

01. 가루 체질
02. 전처리 : 버터와 초콜릿을 함께 용해, 호두 굽기
03. 달걀을 푼 뒤 설탕, 소금을 넣어 혼합
04. 용해된 버터와 초콜릿에 03의 달걀 혼합
05. 건조재료를 혼합하여 반죽 완성
06. 팬닝과 토핑
07. 굽기 : 170/150℃, 20분 → 160/155℃, 25분

01 단과자빵(트위스트형) 스트레이트법

01. 가루 체질
02. 믹싱 : 100%, 최종단계
03. 1차발효 : 27℃, 75~80%, 50~60분
04. 분할 50g → 둥글리기 → 중간발효 10분
05. 성형 : 8자형(20~25cm), 달팽이형(30cm) → 달걀칠
06. 2차발효 : 35℃, 85~90%, 50분
07. 굽기 : 190/140℃, 10~12분

03 모카빵 스트레이트법

01. 가루 체질
02. 믹싱 : 100%, 최종단계
03. 1차발효 : 27℃, 75%, 50분
04. 분할 250g → 둥글리기 → 중간발효 15~20분
05. 성형 : 럭비공 모양, 비스켓(100g) 씌우기
06. 2차발효 : 35℃, 85%, 35~40분
07. 굽기 : 180/140℃, 30분

05 버터롤 스트레이트법

01. 가루 체질
02. 믹싱 : 100%, 최종단계
03. 1차발효 : 27℃, 75%, 60분
04. 분할 50g → 둥글리기 → 중간발효 10분
05. 성형 : 번데기 모양, 달걀물칠
06. 2차발효 : 35℃, 85%, 40분
07. 굽기 : 190/140℃, 12분

07 빵도넛 스트레이트법

01. 가루 체질
02. 믹싱 : 90~95%, 최종단계 초기
03. 1차발효 : 27℃, 75%, 60분
04. 분할 46g → 둥글리기 → 중간발효 15분
05. 성형 : 8자형(20~25cm), 트위스트형(30cm)
06. 2차발효 : 35℃, 75~80%, 25~30분, 부피 2~2.5배
07. 튀기기 : 180℃, 3분
08. 계피설탕 묻히기

09 스위트롤 스트레이트법

01. 가루 체질
02. 믹싱 : 90~95%, 최종단계 초기
03. 1차발효 : 27℃, 75~80%, 50~60분
04. 성형 : 밀어펴기 → 용해버터 바르기 → 계피설탕 뿌리기 → 원통형으로 말아서 봉하기 → 야자잎형 12개, 트리플리프(세잎새형) 9개
05. 2차발효 : 35℃, 85~90%, 40~45분
06. 굽기 : 185/145℃, 12분, 15분

11 옥수수식빵 스트레이트법

01. 가루 체질
02. 믹싱 : 100%, 최종단계
03. 1차발효 : 27℃, 75~80%, 60분
04. 분할 180g → 둥글리기 → 중간발효 15~20분
05. 성형 : 삼봉형
06. 2차발효(틀위 1cm) : 38℃, 85~90%, 50분
07. 굽기 : 170/180℃, 15분 → 150/150℃, 10~15분

04 밤식빵 스트레이트법

01. 가루 체질
02. 믹싱 : 100%, 최종단계
03. 1차발효 : 27℃, 75%, 50~60분
04. 분할 450g → 둥글리기 → 중간발효 15~20분
05. 성형 : 원 로프(One-Loaf)
06. 2차발효(틀아래 1.5cm) → 토핑물 → 아몬드 슬라이스
07. 굽기 : 170/180℃, 15분 → 150/150℃, 15분

02 쌀식빵 스트레이트법

01. 가루 체질
02. 믹싱 : 90~95%, 최종단계 초기
03. 1차발효 : 27℃, 75~80%, 60분
04. 분할 198g → 둥글리기 → 중간발효 15~20분
05. 성형 : 삼봉형
06. 2차발효(틀 위 1cm) : 38℃, 85~90%, 50분
07. 굽기 : 170/180℃, 15분 → 150/150℃, 10~15분

08 단과자빵(소보로빵) 스트레이트법

01. 가루 체질
02. 믹싱 : 100%, 최종단계
03. 1차발효 : 27℃, 75~80%, 60분
04. 분할 50g → 둥글리기 → 중간발효 10~15분
05. 성형 : 소보로 토핑
06. 2차발효 : 35℃, 85~90%, 35~40분
07. 굽기 : 190/150℃, 13~14분

06 버터톱식빵 스트레이트법

01. 가루 체질
02. 믹싱 : 100%, 최종단계
03. 1차발효 : 27℃, 75%, 50~60분
04. 분할 460g → 둥글리기 → 중간발효 15~20분
05. 성형 : 원로프(One-Loaf)
06. 2차발효(틀아래 1~1.5cm) : 38℃, 85%, 35~40분
07. 양끝 1cm 남기고 중앙에 깊이 0.2~0.3cm 칼집낸 후 버터 짜기
08. 굽기 : 170/180℃, 15분 → 150/150℃, 15분

12 우유식빵 스트레이트법

01. 가루 체질
02. 믹싱 : 100%, 최종단계
03. 1차발효 : 27℃, 75~80%, 60분
04. 분할 180g → 둥글리기 → 중간발효 15~20분
05. 성형 : 삼봉형
06. 2차발효(틀위 1cm) : 38℃, 85~90%, 50분
07. 굽기 : 170/180℃, 15분 → 150/150℃, 10~15분

10 식빵 비상스트레이트법

01. 가루 체질
02. 믹싱 : 110%, 최종단계 후기
03. 1차발효 : 30℃, 75~80%, 25~30분
04. 분할 170g → 둥글리기 → 중간발효 10~15분
05. 성형 : 삼봉형
06. 2차발효(틀위 0.5~1cm) : 38℃, 85~90%, 50분
07. 굽기 : 170/180℃, 15분 → 150/150℃, 10~15분

13 그리시니 스트레이트법

01. 가루 체질
02. 믹싱 : 80%, 발전단계
03. 1차발효 : 27℃, 상대 습도 70~80%, 30분
05. 성형(분할 및 둥글리기) 30g → 중간발효 10분
05. 정형 : 스틱모양, 35~40cm
06. 팬닝
07. 2차발효 : 35℃, 80~90%, 25~30분
08. 굽기 : 200/150℃, 15~20분

15 단팥빵 비상스트레이트법

01. 가루 체질
02. 믹싱 : 120%
03. 1차발효 : 30℃, 75~80%, 25~30분
04. 분할 50g → 둥글리기 → 중간발효 10분
05. 성형 : 앙금(40g) 싸서 구멍낸 후 달걀물 칠
06. 2차발효 : 35℃, 85~90%, 30~35분
07. 굽기 : 180/155℃, 12~13분

17 소시지빵 스트레이트법

01. 가루 체질
02. 믹싱 : 최종단계
03. 1차발효 : 27℃, 75~80%, 50분
04. 분할 70g → 둥글리기 → 중간발효 10분
05. 정형 : 낙엽, 꽃잎모양 → 팬닝
06. 2차발효 : 35℃, 85~90%, 30~40분
07. 토핑얹기
08. 굽기 : 190/160℃, 15~20분

19 통밀빵 스트레이트법

01. 가루 체질(강력분, 통밀가루, 탈지분유, 제빵개량제)
02. 모든 재료 믹싱 후 클린업 단계에 버터 투입
03. 믹싱 : 80~85%, 발전단계 2단계
04. 1차 발효 → 분할 및 둥글리기 → 중간발효
05. 밀어펴기 → 3겹 접어 봉하기(22~23cm)
05. 표면에 물바르고 오트밀 묻힘
06. 팬닝 및 2차발효 : 온도 35℃, 습도 85~90%, 30분
07. 굽기 : 185℃/150℃ 15분 → 150/150℃ 5~10분

16 풀만식빵 스트레이트법

01. 가루 체질
02. 믹싱 : 100%, 최종단계
03. 1차발효 : 27℃, 75~80%, 60분
04. 분할 250g → 둥글리기 → 중간발효 15~20분
05. 성형
06. 2차발효(틀아래 1cm) : 35℃, 85~90%, 40~50분
07. 굽기 : 170/180℃, 15분 → 155/155℃, 20~25분

14 단과자빵(크림빵) 스트레이트법

01. 가루 체질
02. 믹싱 : 100%, 최종단계
03. 1차발효 : 27℃, 75~80%, 60분
04. 분할 45g → 둥글리기 → 중간발효 10분
05. 성형 : 크림충전형 - 크림넣고 칼집 5개 넣고 달걀칠, 크림 비충전형(반달형) - 식용유 칠해서 반달모양으로 접기
06. 2차발효 : 35℃, 85~90%, 40~50분
07. 굽기 : 185/150℃, 12~13분

20 호밀빵 스트레이트법

01. 가루 체질
02. 믹싱 : 90~95%, 최종단계 초기
03. 1차발효 : 27℃, 75~80%, 45~50분
04. 분할 330g → 둥글리기 → 중간발효 15~20분
05. 성형 : 럭비공 모양
06. 2차발효 : 35℃, 85~90%, 50분
07. 사선으로 2개 칼집, 분무 후 호밀가루 뿌림
08. 굽기 : 170/180℃, 15분 → 155/155℃, 15분

18 베이글 스트레이트법

01. 가루 체질
02. 믹싱 : 최종단계
03. 1차발효 : 27℃, 75~80%, 50~60분
04. 분할 80g → 둥글리기 → 휴지(스틱모양) → 중간발효 10분
05. 성형 : 링모양 → 팬닝
06. 2차발효 : 35℃, 85~90%, 20분
07. 데치기 : 90℃, 10~20초
08. 굽기 : 190/160℃, 20분

제과 제빵 기능사 실기

초판 인쇄 _ 2024년 01월 05일
초판 발행 _ 2024년 01월 20일

지은이 _ 김인호, 이경애, 우기남, 황경희
펴낸이 _ 이강복
펴낸곳 _ (주)도서출판 책과상상

출판등록 _ 제2020-000205호
주　　소 _ 경기도 고양시 일산동구 장항로 203-191
편집문의 _ 02-3272-1703
구입문의 _ 02-3272-1704
홈페이지 _ www.sangsangbooks.co.kr

사진 _ 이준상
북 디자인 _ 디자인 동감

ⓒ2024. 김인호 외
979-11-6967-041-8
값 20,000원

• 잘못된 책은 교환해 드립니다.
• 저자와의 협의하에 인지를 생략합니다.

CRAFTSMAN CONFECTIONARY BREADS MAKING